IN SEINER GEGENWART

Eva Bell-Werber

In Seiner Gegenwart

DEM WAHREN – SCHÖNEN – GUTEN
– BADEN-BADEN –

Buchreihe: Die edle Gabe
Einbandgestaltung: WSG
Englischer Titel: IN HIS PRESENCE

Aus dem Amerikanischen übersetzt von J. Weber
5. Auflage U.S.A. 1984

ISBN: 3-923193-40-8

Erste deutsche Auflage: 1985
VERLAG DEM WAHREN-SCHÖNEN-GUTEN
D-7570 Baden-Baden

Ausstattung und Druck:
Druckerei W. Berggötz, Pforzheim

Vorwort

*Für euch, die ihr mit dem Herzen lest,
werden diese Worte wie eine angezündete
Laterne sein, aufgehängt am Straßenrand
in dunkler Nacht. Sie werden den Weg hell
und das Gehen leicht machen für euch,
die ihr unterwegs seid.*

INHALTSVERZEICHNIS

MEIN SEGEN KOMMT STILL

In dem Maß, wie das Herz leer ist vom Ich, wirst du meinen Segen empfangen. Er kommt nicht mit einem lauten Trompetenstoß noch mit Glockengeläut, sondern mit einem zarten Flüstern wie auf Vogelschwingen. Wie der Duft einer Rose dir zuströmt, so fällt mein Segen auf dich.

Er wird sich dann auf vielerlei Weise offenbaren, in Freunden und Menschen, die du liebst, in der Art, wie du deinen Weg geführt wirst und in der Erfüllung von tief in deinem Herzen gehegten Wünschen. Es ist etwas so Einfaches, du brauchst nur still zu sein und das Herz weit zu öffnen und dann wieder deiner Arbeit nachzugehen. Die Segnungen werden ganz gewiß kommen, und die Ernte wird so reich sein, daß du den ganzen Raum deines Herzens freimachen wirst, um die Freude zu fassen. Wieder und immer wieder wird dieses Dienen und Segnen von dir ausströmen. Licht wird um dich und über dir sein. Sei nun still und warte darauf zu empfangen, denn du hast den Samen in die Erde gelegt, und die Ernte des Guten kommt gewiß.

ICH WILL MIT DIR REDEN

Ich will dir durch die Seiten dieses Buches Worte sagen, die jahrelang in dir nachklingen werden, Worte, die dir von meiner großen Liebe und immerwährenden Gegenwart künden. Sie sprechen von meiner großen, aufbauenden Kraft im menschlichen Leben, und wie ich für die Meinen so liebevoll sorge und sie leite. Ich will mit dir von einer Welt der Schönheit sprechen, die jeder finden kann, nicht von einer vom Krieg zerrissenen Welt, aufgewühlt von Haß und Selbstsucht, sondern von einer Welt des Friedens und der Liebe. Du fragst: »Wo können wir heute eine solche Welt finden?

Wenn jetzt auch das Krachen der Bomben und Granaten vorbei ist, gibt es doch noch Verwüstung, Elend, Angst und Verzweiflung. Wird es je wieder einen Ort geben, wo die Menschen nicht hassen und zerstören?«

Höre, meine Liebe, und sei in Frieden. Du mußt diesen Ort, nach dem du dich sehnst, zuerst in deinem eigenen Herzen finden. Dort, im Garten deiner Seele, wirst du mich, deinen Geliebten, treffen. Meine Hand liegt zärtlich auf deinem Haupt. Bei ihrer mystischen Berührung fällt das äußere Reich mit seiner Zerstörung, seiner beabsichtigten Verwirrung von dir ab. Eine grosse Stille erfüllt dich, und in deinem Bewußtsein ist nur noch meine sanfte, heilige Gegenwart.

Dann bist du wirklich in einer Welt des Friedens, wie in einer anderen Welt, wo Konflikte sich lösen, und Lasten abfallen. Lerne oft innezuhalten und fühle meine himmlische Berührung, die deine Seele heilt und deinem Körper Gesundheit und Frieden bringt. Darum öffne dein Herz, wenn du diese meine Worte liest und nimm sie in dich auf, denn für dich sind sie bestimmt und für jeden, der zur Quelle meiner Liebe kommen will.

DEINE ERSTE BELEHRUNG

Das Erste, was du lernen mußt, ist still zu sein, denn ich kann nur zu einer ruhigen Seele sprechen. Wenn du aus deinem Bewußtsein allen äußeren Lärm ausschließen kannst, dann kann meine Stimme zu dir sprechen und dich Dinge der Seele lehren, die du unbedingt wissen mußt für die Entwicklung deiner Seele. PRAKTIZIERE STILLE BEI JEDER GELEGENHEIT. Dann ist es mir möglich, dir sehr nahe zu sein. Dies wird immer einfacher für dich werden, bis du in einem Augenblick, zu jeder Zeit und an jedem Ort mit mir allein sein kannst. Du kannst die Berührung meiner Hand fühlen und meine Führung und Liebe, die dich umgibt, erkennen. So wirst du in Frieden deinen Weg gehen. Freude erfüllt dich in jedem Augenblick des Tages, und die Nacht ist erfüllt von der Herrlichkeit meiner heiligen Gegenwart.

* * *

Mache aus deinem eigenen Haus ein Haus des Friedens, und die ganze Welt um dich wird Friede sein.

EIN LIEBESLIED

Ich möchte für dich von Herzen ein Lied der Liebe schreiben; ich, der ich dir so nahe bin und der so vollkommen in deinem physischen Körper wirkt. Ich bin wie der Duft aller Blumen in deinem Inneren. Ich verströme meinen Duft wie aus einem Alabastergefäß, damit er deine Tage glücklich mache, und die Luft um dich mit wunderbarem Wohlgeruch erfülle, so daß alle, die mit dir in Berührung kommen, Ruhe und Erquikkung finden, obgleich sie nicht wissen warum. Ja, ich bin wie ein lieblicher Duft in dir.

Ich bin wie wohlklingende Musik. Jeder Laut ist von mir erschaffen, und mein Schöpfungswerk wird durch dich, meine lebendige Harfe, vollbracht. Ich spiele auf dir und bringe wie mit schnellen Fingern Harmonien hervor, denn ich bin Harmonie in deinem Inneren.

Oh, meine Liebe, höre nicht auf Disharmonien, sondern stimme dich auf mich ein. Erkenne den Geliebten deiner Seele, und alles, was vollkommen in dieser Liebe ist, wird dein sein. Gib meine Liebe an alle weiter, mit denen du in Berührung kommst, sie wird dadurch nicht weniger. Je mehr du schenkst, umso mehr kann ich dir aus meiner übergroßen Fülle zu deinem Segen geben.

NUR FÜR DIESEN AUGENBLICK

Nur für heute sollst du versuchen, in enger Verbindung mit mir zu bleiben. Nur für den jetzigen Augenblick bist du verantwortlich. Morgen, ja sogar die nächste Stunde, ist noch ungeboren. Du siehst also, die Aufgabe ist nicht so schwer. Halte jetzt meine Hand fest, fühle in diesem Augenblick ihre zarte Berührung, und ich sage dir, du wirst in der nächsten Stunde, am nächsten Tag, im nächsten Monat nicht allein gelassen werden.

Könntest du doch diese Belehrung in ihrer ganzen Tragweite erkennen, wie wäre dann dein Tag von Freude erfüllt!

Du fürchtest, du könntest meine sanfte Gegenwart verlieren, wenn du dich mit der Welt um dich auseinandersetzt. Dieser Gedanke des Verlierens trennt uns im selben Augenblick. Vergeude nicht die Zeit auf diese Weise. Wenn dieser Gedanke und Furcht aufkommen, danke dafür, daß du gerade in diesem Augenblick erkennen kannst, wie nahe und voll Liebe ich in deinem Herzen bin, und ich sage dir, es wird eine Zeit der Kraft werden, die dich nie verläßt.

Setze dies in die Praxis um und sieh, mit welcher Sicherheit du deinen Weg gehst. Das Bewußtsein meiner Gegenwart wird dann immer in dir sein, dich führen, schützen und dir Kraft geben für alle Aufgaben, die dir zugedacht sind.

DER FRÜHLINGSWIND

So sanft wie den Frühlingswind fühlst du meine Gegenwart in deinem Herzen. Lerne auf sein leisestes Säuseln zu achten. Fühle, wie mein großes, göttliches Strömen dich erfüllt und überflutet, und ich sichere dir zu, daß es dir nie an Kraft fehlen wird. Wo du auch bist, da

bin ich, lebendig und pulsierend in deinem Bewußtsein.
Als Geliebter deiner Seele schenke ich dir meine Zärtlichkeit und erfülle dein Sein mit der Herrlichkeit einer vollkommenen Liebe. Du empfindest es als eine Pflicht, mich zu lieben und anzubeten, ich aber möchte, daß du mich liebst nur um der Liebe willen. Sieh mich in allem Schönen. Fühle die zarte Berührung meiner Hand, so wie der Windhauch über deine Wangen streicht.

Wenn du mich in ruhiger Meditation findest, wirst du weitergehen von Liebe und Licht erfüllt. Noch einmal sage ich, nicht aus Pflichtgefühl sollst du mich lieben, sondern mir, als dem Geliebten deiner Seele, sollst du deine Liebe und Verehrung schenken. Dann, und nur dann, bist du fähig, in meinem Dienst weiterzugehen.

SCHÖNHEIT DES INNEREN REICHES

Was schön ist im Äußeren, ist nur ein Ausdruck der Schönheit im Inneren. Erkenne, daß alle Schönheit von mir kommt, wenn du all das Liebenswerte siehst, mit dem ich dich im Reich der Materie umgebe. Möge die Schönheit des Baumes und des Waldes, der Duft der Blumen und Gärten, der Glanz des Sternenhimmels und die von der Sonne beschienenen Wiesen dich mit einem Gedanken der Liebe und Ehrfurcht zurückführen zu dem Einen, von dem all diese Schönheit ausgeht.

Ich möchte, daß dein Bewußtsein von mir immer weiter wächst, dann werden deine Tage von Schönheit erfüllt sein. Teile alles Liebenswerte mit anderen, aber versäume nie, mit ihnen das zu teilen, was wirklich und ewig ist.

* * *

Ich werde in dir, meiner Ausdrucksform, auferstehen und mich verherrlichen in überreichem Leben, in Freiheit und Kraft. Ich werde die Grabestücher, mit denen der Mensch mich binden möchte, wegwerfen und mich triumphierend vom Lager der Schmerzen erheben, denn ich bin Leben und überreiche Fülle von allem Schönen. Ich bin alles, was ist.

SUCHE

Suche, und du wirst finden. Wie kannst du dir meiner Gegenwart stärker bewußt werden, wenn du nicht kommst und sie suchst? Die Sonne fällt warm auf dein Gesicht, aber wenn du den Vorhang zuziehst, wird es kühl, wo es vorher warm war.

So ist es, meine Liebe. Wie die Wärme vieler Sonnen bin ich in deinem Inneren, aber du fühlst mich nicht, denn seit langem hast du die Vorhänge des Sinnenbewußtseins zwischen uns zugezogen. Laß es so nicht sein. Zerreiße die Schleier, die dich hindern, mich klar zu erkennen. Nur du kannst dies tun. Du sagst, daß die Umstände dich in irdischen Schwingungen festhalten. Wenn du den Eindruck hast, es sei schwer, meine heilige Gegenwart zu erkennen, sage ich dir, daß dies nicht so sein muß; aber erst, wenn du dich bemühst, den Lärm und die Verwirrung der Erde auszuschließen und meine Gegenwart und Wärme in dir erkennst, erst wenn du segnest und für diese Gegenwart dankst, kann dir ein tieferes Bewußtsein davon geschenkt werden.

Dies ist deine heutige Belehrung. Laß uns still sein und über die Wahrheit froh werden, daß ich ganz nahe bin, in dir und um dich; dann wird alles, was dein Leben berührt, mein Zeichen tragen und von mir für dich ausgewählt sein.

DEM, DER IN DER STILLE BLEIBT

Alles, was ich von dir erbitte, ist ein ruhiges Gemüt, damit ich mein Ebenbild vollkommen darin widerspiegeln kann.

Dem, der in der Stille bleibt, nicht dem, der gelegentlich in den Thronraum des Herzens kommt, sondern der dort daheim ist, wird das Versprechen gegeben. Es ist möglich, so in der Stille zu bleiben, daß selbst in der größten Verwirrung des Tages dein ganzes Sein von einer großen Ruhe und von Frieden durchdrungen ist, und heilende Kräfte von dir ausgehen.

Nur, wenn du so in der Stille bleibst, kannst du den hohen Bewußtseinsstand erreichen, den ich für dich wünsche.

Jeden Morgen, wenn du die Berührung meiner Hand fühlst, wie ich sie still und sanft auf dein Haupt lege, wirst du gesegnet und trägst den Widerschein der heiligen Gegenwart durch den ganzen arbeitsreichen Tag. So hast du teil an meiner Kraft und den mit ihr verbundenen Segnungen. Halte nun inne, damit ich dich und die, die du liebst, segne, und geh dann weiter und diene mit Freude und Frohsinn im Herzen.

* * *

Alles, was ich von dir erbitte, ist ein ruhiges Gemüt, damit ich mein Ebenbild vollkommen darin widerspiegeln kann.

DAS SCHATZKÄSTLEIN DES LEBENS

Das Schatzkästlein des Lebens hat eine geheime Feder, die dir, wenn du daran rührst, die schönen Juwelen der Liebe erschließt. Liebe ist der Schlüssel und Liebe ist die Feder, sie bringt diese Kostbarkeiten ans Licht. Lerne diesen Schlüssel täglich zu benützen, und ich verspreche dir reichen Lohn.

Es ist soviel Haß rings um dich, und er bringt denen, die an seinem Ausdruck mitwirken, nur Zerstörung. Wenn du nach den Richtlinien der Liebe lebst, ist das ganze Leben schön.

Da du Liebe weitergibst, wird sie zu dir zurückkehren und dich bereichern. So denke nun daran, mein Kind, daß dein Leben wie ein Kästlein mit Juwelen ist, und wenn du lernst, den Schlüssel zu benützen, sind diese Juwelen zu deinem Gebrauch zur Verfügung.

* * *

Gehe am heutigen Tag deinen Weg in meinem Bewußtsein. Gehe ihn als goldener Lichtstrahl und trage meinen Segen zu allen, denen du begegnest.

DIE VERBORGENE QUELLE

Fürchte dich nicht! Erlaube mir, den Weg zu bestimmen, auf dem du gehst. Du kannst jetzt meinen Plan für dich nicht sehen und erkennen. Wisse, ich, dein Geliebter, halte alles in meiner Hand, und mein Plan soll dir offenbart werden, wenn ich es für richtig halte. Laß mich das tragen, was du fürchtest, und wisse, daß hinter allem mein hohes Ziel für dein Leben steht. Ich habe es so geplant, und wenn du deinen Weg mit mir gehst, brauchst du keine Furcht zu haben, du könntest den Weg verlieren, auf dem ich dich leite.

So vergeude nicht kostbare Zeit und Kraft in Furcht und ängstlichem Denken. Komm oft zum geheimen Altar in deinem Herzen, und ich werde dich erfrischen wie an einer verborgenen Quelle kühlen Wassers. Du wirst dann deinen Weg weitergehen, er wird licht und dein Gemüt ruhig und ohne Furcht sein.

* * *

Laß Frieden in deinem Herzen sein, damit du dich immer dorthin zurückziehen und Sicherheit finden kannst, wenn auch noch soviel Lärm um dich tobt.

FRIEDE IM INNEREN

Wenn du ein Problem vor dir hast, das dir unüberwindlich scheint, dann ist es Zeit, dich ruhig nach innen zu wenden. Sprich darüber mit dem Geliebten deiner Seele, für den es keine Probleme gibt, und der den Weg, den du gehst, völlig überschaut. Dann wird stiller Friede anstelle der Verwirrung dich erfüllen. Es wird ein ruhiges Warten sein, wie die Stille der Morgendämmerung den leuchtenden Sonnenaufgang erwartet, und ehe du es merkst, erkennst du, daß ich für das, was dein Herz so belastet, bereits Sorge getragen habe. Dein Weg wird dir gezeigt, und es wird kein Problem mehr geben, das dich verwirrt.

Bewahre dir das Wissen, daß ich, der in dir lebt und durch dich wirkt, ich, das höchste Leben, alle deine Schwierigkeiten lösen werde, wenn du sie nur mir überlassen willst. Alles, was du brauchst, wird dir durch meine Stärke und Weisheit gegeben. Warum also fürchtest du dich und bist voll Sorge? Warum versuchst du, mit deinem eigenen, geringen Verständnis die Probleme zu lösen, die dich so verwirren, wenn im Inneren deiner eigenen Seele ein solcher Quell des Reichtums ist? Mit diesem Wissen wird dein Weg voll Freude, dein Leben voll Harmonie und dein Herz voll Friede sein.

DIE ZEIT DER STILLE

Manchmal, meine Liebe, wird durch ganz einfaches Dienen Großes hervorgebracht. Oft gehst du einen Weg, der dir seltsam vorkommt, doch ich führe dich auf diesem Weg und du dienst sehr dabei. Eine stille Zeit ist eine Zeit, in der du große Fortschritte machen und viel Kraft gewinnen kannst, wenn du dein Gemüt auf die Dinge des Geistes ausgerichtet hältst. Du kannst aber auch wieder dem sterblichen Gemüt die Führung überlassen, dann geht dir viel Wertvolles verloren. Du hast die Wahl.

Wähle das Dienen, wie ich es dir schenken möchte, warte, sei still, bitte um Wachstum, und du wirst durch jeden Augenblick des Tages geführt werden. Aus dieser Zeit der Stille wird Großes hervorgehen, das ich für dich aus dem Reichtum meines Reiches bereithalte.

* * *

Ich sage weder, geh hierhin, noch geh dorthin, denn wenn sich ein Herz mir öffnet, tragen mich meine Füße dorthin, ohne daß meine Sandalen eine Spur hinterlassen.

RUHE

Verweile in der Ruhe, meine Liebe. Die äußere Welt beunruhigt dich sehr. Es ist so viel Verwirrung in dieser Welt, daß du mehr als alles andere eine Zeit brauchst, in der du einfach in meiner Liebe ruhst und meinen Frieden in dich aufnimmst. Komm ganz nahe zu mir, damit ich dich umhüllen kann. Lege alle Gedanken der Verwirrung und Trübsal beiseite und erlaube meinem göttlichen Plan, dich und deine Angelegenheiten zu durchströmen.

Wirklich, ich stehe da und weine über die Wunden meiner Geschöpfe. Ich kann meine Welt nur erlösen durch die, die so lieben und verstehen, daß ihr eigenes Bewußtsein von einer so großen Liebe erfüllt ist, daß sie auf andere überfließt. Sei treu und beständig, immer auf mich ausgerichtet, und dein Dienst wird dir gezeigt werden. Du bist wie ein Licht auf einem Berg, das in Zeiten der Dunkelheit seinen goldenen Schein weit verbreitet.

So tritt eine Weile heraus aus dieser Welt voll Not und, in meiner Gegenwart ruhend, wirst du deinen Weg gehen und den Dienst erfüllen können, zu dem du bestimmt bist.

NIMM MEINE WORTE AUF

Meine Liebe,verweile nicht zu lange bei früheren Belehrungen, sondern öffne dein Ohr, damit du von neuem die Worte hörst, die ich dir geben möchte. Du wirst ein Leuchtfeuer, wenn du dich so mit mir vereinst, denn ich bin das Zentrum deines Seins und niemand kann dir die heilige Gegenwart rauben. Weder Leben noch Tod, weder Reichtum noch Armut, nichts kann dich von deinem Geliebten trennen. Nur du, dein kleines, persönliches Ich kann unsere Vereinigung stören.

Siehst du nun, wie reich unser Zusammensein und wie fruchtbar unser immerwährendes Einssein in Liebe sein kann? Komm zu mir als meine Geliebte; werde eins mit mir, bete mich an und ehre mich, wie ich die ehre, die ich geschaffen habe. Komm jeden Tag, jeden Augenblick, den du in der Nacht wach bist, und bald wirst du größere Vorratshäuser bauen müssen, um all das Gute, das dir zuwächst, unterzubringen.

* * *

Der Körper mag leiden, aber die Seele ist immer stark, aufrecht und klar.

MEIN LEUCHTENDES ANTLITZ

Jeder Gedanke an Begrenzung, Bosheit oder Neid, jedes unfreundlich gesprochene Wort trübt für einen Augenblick das Tempellicht im Inneren. Es ist, wie wenn eine Fledermaus mit den Flügeln schlägt, und das Licht flackert und verlöscht. Halte es heute ruhig und fest, daß es deine Schritte auf dem Weg, den du gehst, beleuchtet. Schau tief in den Tempel deines Herzens und sieh mein Antlitz leuchten. Wisse, wenn das Licht ungetrübt brennen kann, wird nichts zurückgehalten, was für dich gut und für dein Wachstum nützlich ist. Achte darauf, daß am Ende jeden Tages die Tempelkerzen hell brennen, und die Luft wird von Wohlgeruch erfüllt sein, wenn ich sanft zu deinem Herzen spreche.

* * *

Wenn Liebe von dir fließt, kommt Liebe im gleichen Augenblick zu dir zurück. Bewege dies in deinem Herzen und du wirst sehen, wie reich deine Tage sein werden, wenn du das Gesetz erfüllst.

MACHE DICH STARK

Meine Liebe, wir haben einen Augenblick innegehalten, ehe du deinen Weg gehst und dich mit deinem Alltag beschäftigst. Sicher werden sich Probleme ergeben, oft wirst du in Disharmonie verwickelt werden, und die Welt wird dich sehr bedrängen. Aber bleibe in Frieden, denn wenn du dich stark gemacht hast, so wie du es jetzt tatest, wenn du wie ein offenes Gefäß mich aufgenommen hast, dann fülle ich dieses Gefäß bis zum Rand mit Weisheit, so daß du dich den Problemen, die auf dich zukommen, mit Geduld und Ausdauer stellen kannst, deine Aufgabe gut erfüllst und kein Unglück fürchtest. Ja, ich habe das Gefäß, in dem ich lebe, so erfüllt und bereichert, daß du auf die Aufgaben des Tages zugehst, wie eine mächtige Armee unter umsichtiger Führung.

Wenn du nicht zu dieser Stärkung kommst, versuchst du, dich deinen Problemen mit deiner eigenen, schwachen Kraft zu stellen und sie auf deine Weise zu lösen. Welcher Weg ist der bessere? Ist es denn notwendig, daß ich dich anflehe, jeden Tag zu mir zu kommen, damit dein Tag voll Freude und dein Dienen gesegnet sei?

ICH LEGE MEINEN ARM UM DICH

Mit meiner Liebe ziehe ich dich nahe an mich, ich erfülle und umhülle jede Zelle deines Körpers mit der Stärke meiner Macht und Liebe. Es ist so notwendig, daß du innehältst für diese stille Zeit des Ruhens mit mir, damit ich dich aus meinem lebendigen Brunnen erfrischen kann, sonst wirst du mit der Zeit hart und spröde und bedrängt von den Vorstellungen deiner Umwelt. Du wirst dann die Süße meiner Gegenwart und die große Stille meines Friedens sehr vermissen.

Meine Liebe, wenn ich dich so in meine Arme nehme und dich an mein großes, ewiges, von Liebe erfülltes Herz drücke, dann, und nur dann, bist du ein geeignetes Gefäß für meinen Dienst. Komm, empfange den Segen und geh weiter als eine brennende Kerze und leuchte für mich, da, wo es dunkel ist.

* * *

Darin liegt deine Herrlichkeit: Mich zu kennen und zu fühlen, wie ich deinen Körper durchströme. Sei offen und leer, damit meine Gedanken dich erfüllen und ich durch dich wirken kann.

SEI STILL UND ERKENNE

Meine Liebe, die letzten Tage waren für dich von negativen Erlebnissen geprägt, aber halte sie nicht fest. Sie sind wie Wolken und scheinbarer Nebel, lerne durch sie hindurchzusehen. Erkenne, daß die Hand der göttlichen Liebe dich führt. Laß uns still darüber werden, dann kannst du meine Stimme besser hören und meiner Führung ganz sicher sein. Sei still und erkenne: Alles, was zu dir kommt, ist gut.

* * *

Halte dich nicht zurück, aus dem vollen Vorratshaus in deinem Inneren die Reichtümer, die der Vater dir gegeben hat, weiterzuschenken. Dadurch wirst du weder ärmer noch verlierst du an Kraft. Der Schöpfer erschafft immer neue Freude und Schönheit, um dein Leben zu segnen. Wenn du das, was du hast, weitergibst, fließt dir Neues zu.

ICH GEBE DIE FÜLLE

Meine Liebe, lerne wieder einmal, wieviel Gutes aus dieser gesegneten Zeit unserer Gemeinsamkeit kommt. Du bist schon einen weiten Weg gegangen, seit du zum ersten Mal lerntest, so zu mir zu kommen. Ich habe dir noch viel mehr zu geben. Ich kann das Gefäß, das mir gereicht wird, nur bis zum Rand füllen. Ich kann nur die Seele derer ganz füllen, die leer zu mir kommen und sich vor mir neigen, damit ich sie mit meiner großen Liebe und Güte erfüllen kann.

Alles Leben um dich kommt von mir. Freude, Vogelgesang, Musik, Sonnenschein und Blumen; all das kommt aus meiner Liebe. Darum soll dies alles einen Platz in deinem Leben haben. Du sollst ein lebendiges Spiegelbild von mir sein. Ich hülle dich in meine strahlenden Gewänder, und du wirst mir mit jedem Atemzug dienen.

Achte auf neue Aufgaben, die dich dann erwarten und dir gezeigt werden. Nur wenn du dir Zeit nimmst für unsere Gemeinsamkeit und täglich auf unser Einssein wartest, kann ich dich den Weg weiterführen, den ich für dich vorgesehen habe.

Es wird ein schöner, herrlicher, heller und von Liebe erfüllter Weg sein. Halte meine Hand fest, fühle meine Nähe, wenn Zweifel und Furcht deine Sicht verhüllen, ich werde dich hindurchführen zum Berggipfel hohen Dienens.

ICH SUCHE NACH AUSDRUCK

Es ist äußerst notwendig, meine Liebe, daß ich ausgedrückt werde, damit ich immer mehr offenbar werden kann in der Welt meiner Schöpfung. Verliere keinen Augenblick die Wahrheit aus den Augen, daß das Sehnen deiner Seele mein Suchen nach äußerem Ausdruck ist. Darum werde ich, wenn du es mir erlaubst, alles tun, um dein Sehnen zu erfüllen und es für dich in äußeren Ausdruck zu bringen. Unterdrücke darum deine inneren Wünsche nicht, sondern gib ihnen freien Ausdruck.

Oft weißt du vielleicht nicht einmal, was du brauchst oder wünschst, doch in dir ist ein vages Gefühl der Unvollkommenheit. Es ist dann Zeit, still zu werden, damit ich durch dich wie der Sauerteig im Brot wirken kann und so die Fülle meiner Wünsche in dein Leben bringe. Auf diese Weise kann ich mehr und immer mehr im Äußeren zum Ausdruck kommen.

Dein Leben als ein Mittel für meinen Ausdruck wird vollkommener, und du wirst die Bedeutung des »Himmelreichs in dir« besser verstehen.

EIN TAG DES GESETZES UND DER ORDNUNG

Die Stunden des Tages waren von vielerlei erfüllt. Immer aber habe ich über dir gewacht. Ich möchte nicht, daß deine Tage voll Verwirrung sind, sondern nach Gesetz und Ordnung ablaufen, damit du frei den Weg gehen kannst, den ich dich führen möchte.

Sei in Frieden und fürchte dich nicht. Nur Gutes wird dir widerfahren. Nimm weiterhin jede Belehrung so treu an, wie du dies bisher getan hast, und fürchte nie, du seist allein. Ich gebe dir Frieden. Geh weiter und trage mein Licht an dunkle Orte. Habe keine Angst, denn du bist von einem mächtigen Herrn beschützt. Immer steht einer an deiner Seite, der dich vor Gefahren behütet. Die Macht der Liebe begleitet dich.

Darum fürchte dich nicht, wisse, daß du im gewaltigen Ozean meiner Liebe lebst. Ich werde dich jeden Augenblick des Tages schützen und um dich sein.

IMMER DER GÖTTLICHE EINE

Auch wenn du mich lange Zeit nicht suchst, bin ich doch immer derselbe göttliche Eine in dir. Komm, laß uns unser tägliches Beisammensein wieder aufnehmen. Warum muß ich dich darum bitten, da ich dir doch so viel Schönes, so viel Freude zu schenken habe? Ich sehne mich immer danach, geliebt und gebraucht zu werden von denen, die ich liebe, denn du bist ein Teil von mir, und ich sehne mich, daß meine Kinder kommen und in Liebe eins mit mir werden. Empfange meinen Segen, damit ich durch mein Ausdrucksmittel strahlen, meiner Welt Freude schenken und den Plan für dein Dienen erfüllen kann. Komm jeden Tag für eine Zeit der Stille zu mir. Wie oft muß ich dich dazu rufen?

Ich möchte, daß du dich um ein höheres Bewußtsein, als du bisher hattest, bemühst. Nur durch tägliche Meditation, durch Stillesein im Inneren kann dics geschehen. Bring jeden Tag das leere Gefäß deines Herzens zu mir, damit ich es bis zum Rand füllen kann. Ich kenne deine Bedürfnisse und ich erfülle jeden angemessenen Wunsch. Es ist gut, wenn du deine Vollkommenheit, die auch die meine ist, verwirklichst. Auf diese Weise wird alles Gute offenbar werden für dich und für die, die du liebst und denen du dienst.

GEH IN DAS NEUE JAHR

Ein neues Jahr bricht an nach der Zeitrechnung der Menschen. Nimm dir vor, keinen Tag zu beginnen und zu Ende gehen zu lassen, ohne dir meiner heiligen Gegenwart bewußt zu sein. Dann wird kein Leid über dich noch Not über dein Haus kommen. Dein Weg vorwärts wird klar vor dir liegen und leicht zu gehen sein. Ich, der Herr deines Seins, werde durch dich, mein Instrument, alles wirken, was du nach meinem Wunsch tun sollst.

Fürchte dich nicht, auch wenn Wolken einen Augenblick die Sonne verbergen sollten, die doch immer scheint. So ist auch meine Liebe nie vor dir verborgen, auch wenn du sie eine kurze Zeit nicht fühlst. Sie erfüllt und umgibt dich, und alles ist gut.

So geh in dein neues Jahr mit Frieden und Ruhe im Herzen und fürchte nichts, außer meine Gegenwart und Kraft in deinem Leben vergessen zu können. Sieh in jedem Tag einen neuen Anfang wie an Neujahr, denn jeder Tag will Fehler der Vergangenheit auslöschen, und da du im Bewußtsein wächst, wird dich jeder Tag ein Stück weiterführen auf dem Pfad, auf dem du das Gute erreichst, das ich so sehr für dich wünsche.

ICH BIN LIEBE

Ich bin Liebe, ich bin alles, was Wirklichkeit im Universum ist. Alles andere ist ein Traum, den der Mensch für sich erschaffen hat. Fürchte nicht, die Liebe könnte die Herrschaft verlieren. Sollte das Wirkliche dem unterliegen, was unwirklich ist? Wenn du in der Liebe bleibst, arbeitest du in der Wirklichkeit. Darum, wenn du ruhig sitzt und die Werkzeuge meiner Macht anwendest, benützt du stärkere Waffen als die aus Stahl und Bomben. So löst du die dunklen Stellen in der Seele auf.

Ich möchte, daß du erkennst, wie wichtig es ist, so in Liebe zu arbeiten, damit du nicht das vernachlässigst, was zu tun dir aufgetragen wurde. Sei treu und achtsam, und du wirst sehen, wie eine große Aufgabe erfüllt wird. Wende Liebe als deine Waffe an, und die Kräfte des Bösen können dir nicht nahe kommen, und dein Leben wird ein lebendiges Zeugnis deiner Verbundenheit mit mir sein.

DER GESEGNETE TAG

Wenn Liebe von dir ausgeht, bereitest du den Pfad vor, den deine Füße betreten. Es ist, als sei dein Weg ein umgepflügtes Feld, das auf das Aussäen der Saat wartet, die dann die goldene Ernte im Überfluß hervorbringt. So ist es, wenn du Liebe verströmst. Alle Schwierigkeiten lösen sich, und dein Tag ist voll Segen, nicht nur für dich, sondern für alle, mit denen du in Verbindung bist.

Wenn du diese Belehrung praktizierst, wirst du ihre volle Bedeutung erkennen. Bleibe auf dem Weg und gehe sicher in den Tag, den ich dir gegeben habe. Was von dir ausgeht, das wird dir wieder zufließen, Gutes oder Böses, Liebe oder Haß, und so, wie du mein Gesetz, das Gesetz der Liebe, erfüllst und es aussäst, wie der Sämann seine Saat, so – ich sage es noch einmal – wird es zu dir zurückkommen in der Fülle der Erntezeit.

NIMM MEINE LIEBE AN

Wenn du ebenso bereit bist, Liebe anzunehmen wie Liebe zu schenken, wird sie in solcher Kraft und Fülle des Lebens in dich einströmen, daß du kaum fassen kannst, woher diese Herrlichkeit kommt. Die Menschen, denen du meine Liebe schenkst, werden sie dir wieder zurückgeben, wenn du die Tür deines Herzens nicht verschließt und sie nicht zurückweist.

So wie die Vögel nach ihrem Flug wieder in ihr Nest zurückkehren, so kehrt der Segen, den du aussendest, zurück und klopft an die Tür deines Bewußtseins. Schenke immer, aber versäume auch nicht, das willkommen zu heißen, was zu dir zurückkommt. Du wirst wohl behütet sein, und wenn du deine Seele öffnest, um zu empfangen, wird nur Gutes in sie einströmen.

* * *

Ruhe in meinen göttlichen Armen und erkenne das grosse Einströmen meiner Kraft, sende sie dann aus zum Segen aller, die dein Denken berührt.

DIE ANWENDUNG VON LIEBE

Mein Kind, die Sandküsten des Ozeans bilden ein mächtiges Bollwerk gegen die Flut, die dadurch auf sich selbst zurückgeworfen wird. Und doch wird die Sandküste durch einzelne Sandkörner gebildet, die klein und scheinbar bedeutungslos sind. Darum denke nicht, du als einzelne Seele seist in deiner Kraft begrenzt, um das zu erfüllen, was für mich ein wichtiger Dienst und für deine Mitmenschen nützlich sein kann. Wenn du die Liebe, die ich in dich gelegt habe, anwendest, wirst du das vollbringen, was mächtige Armeen nicht erreichen können, da dein Tun ein Werk des Geistes ist, das ihre aber nur ein Kämpfen in Unwissenheit, das mit der Zeit alles Geistige zerstören würde.

Aber du mußt diese Waffe vielfältig und täglich anwenden. Schenke deine Liebe vor allem mir, und ich will dich lehren, wie du sie zum Guten für meine Kinder anwenden sollst. Ich werde sie durch dich bis zu den geringsten von Gottes Schöpfungen fließen lassen. Lösche aus deinem Bewußtsein jeden Gedanken an Vergeltung und an alles, was nicht zur Liebe gehört. Erfülle dein ganzes Sein mit meiner herrlichen Wirklichkeit, daß sie sich von dir auf alle ausbreitet, mit denen du in Berührung kommst und sie für sich das wünschen, was sie in dir fühlen. Auf diese Weise wird mein Geist durch die einzelnen Träger meiner Liebe mein ganzes Universum erfüllen.

SAMEN AUSSÄEN

Deine Meditation ist die Zeit, in der du Samen aussäst. Jeden Augenblick, in dem du dich aus der Welt des Materiellen zurückziehst und im Bewußtsein meiner Gegenwart verweilst, legst du eine Saat in die Tiefen deiner Seele, Samen für eine reiche Ernte. Du pflanzt die

Zwiebeln ein, die in kommenden Tagen als Lilien der Reinheit und des Friedens aufblühen werden und ihren Duft verströmen, wo du auch gehst. Du pflanzt das, was als goldene Ernte mit ihren Leben spendenden Elementen heranwächst und deiner geistigen Ernährung dienen wird.

Die Früchte des Geistes werden ebenso aus diesen ruhigen an meiner Seite verbrachten Zeiten geerntet. Kannst du es dir erlauben, auch nur eine solche Zeit zu vernachlässigen?

Nur wenn du so die Saat aussäst und mich durch dich hindurchstrahlen läßt, ist es für mich möglich, dein Tun anzunehmen. Nur wenn du dir meiner lebendigen Kraft in dir bewußt bist, ist es dir möglich, mich auszudrücken.

DEINE INNEREN GEHEIMNISSE

Mein Kind, ich kann nur zu dir sprechen, wenn du mir die tiefsten Geheimnisse deines Herzens erzählst. Obwohl ich alles weiß, mußt du zu mir, deinem liebenden Vater, kommen und mir voll Vertrauen alles sagen, was dich im Inneren bewegt. Du hast Pläne, erzähle mir von ihnen, damit ich dir die Wege vorschlagen kann, wie sie erfüllt werden können. Sprich auch über deine Probleme mit mir, damit wir sie gemeinsam lösen. Diese gesegnete Gemeinschaft soll ein Austausch von Gedanken und Worten der Liebe zwischen dir und mir sein. Danach wollen wir zusammen still sein, damit du Kraft aufnehmen kannst. Es wird dann so sein, daß dein Tun an jedem Tag wie eine genau gezeichnete Wegkarte ist. Du wirst viel erreichen ohne unnötige Anstrengung, ohne Hast und Verwirrung.

DAS AUFLÖSEN DER WAND

Mein Kind, du fühlst oft, daß eine hohe und feste Wand zwischen dir und dem Guten für dich aufgebaut ist, die deinen wahren Ausdruck hindert. Du meinst, daß alles gut wäre, wenn du nur über die Wand klettern könntest. Dann wärst du frei und könntest das Ziel deines Lebens erreichen.

Aber über die Wand kannst du nicht klettern, du mußt durch sie hindurchgehen. Die Wand muß sich vor dir auflösen. Sie wird nicht mehr sein als ein grauer Nebel, durch den du gehst, und nach kurzer Zeit wirst du frei sein.

Wenn du einmal hindurchgegangen bist, fällt die Sonne warm auf dein Gesicht, und durch diese Erfahrung wirst du Kraft gewinnen. Erfrischt wirst du durch die Hitze vieler Tage gehen. Verstehst du, was ich damit meine?

Die Wand ist deine Vorstellung von etwas, das dir schwierig und unüberwindlich scheint. Wenn du dich dem aber in Vertrauen und Furchtlosigkeit stellst, ändert sich deine Vorstellung. Es gibt tatsächlich keine Wand, die nicht durch Vertrauen umgewandelt wird, und diese Erfahrung der Umwandlung wird immer sehr hilfreich für dich sein. Darum sieh nicht eine Wand und nenne sie so, sieh eher einen Garten, und ein kleiner Schritt, in Liebe getan, wird dich dorthin bringen. Dann wirst du meine Gegenwart fühlen, wie wir uns begegnen, miteinander sprechen und beisammen bleiben. Noch einmal sage ich dir, fühle keine Wand zwischen dir und dem Guten für dich, denn die Wand besteht wirklich nur in deiner Vorstellung, die für einen flüchtigen Augenblick dein Bewußtsein umwölkt.

SCHAFFE STILLE IM TEMPEL

Schaffe Stille im Tempel, dem Allerheiligsten in deinem Herzen, damit mir, dem König auf dem Thron, alle Macht gegeben wird, wenn du deinen Tag lebst und ich über den Körper, den ich dir für meinen heiligen Zweck gegeben habe, völlig verfügen kann.

So viele halten mich von meinem wahren Wirken zurück, weil sie alle Macht dem Körperlichen geben. Bei dem Menschen, durch den meine Kraft ungehindert fließen kann, ist es wie bei der Flut des mächtigen Ozeans, die zur Küste brandet und alles vor sich hertreibt. So sollst du, meine Liebe, in den kommenden Tagen diese Kraft spüren. Du wirst oft staunen, wie du scheinbar ohne Anstrengung oder eigenen Willen deine Arbeit tust. Dies geschieht nicht durch deine eigene Kraft,sondern dadurch, daß du der schöpferischen Kraft des heiligen Geistes erlaubst, in dir und durch dich zu wirken.

Auf diese Weise wird meine Kraft im Universum frei werden, so daß alle Menschen sich eines Gesetzes bewußt werden, das höher ist als von Menschen geschaffene Gesetze, und die Erde wird wirklich meine Herrlichkeit offenbaren.

DAS ÄUSSERE LEBEN

Wenn das Äußere keine Befriedigung geben kann und deine ganze Umgebung dich nicht zu verstehen scheint, ist es dann nicht eine Hilfe für dich, meiner Liebe und meines Verständnisses gewiß zu sein?

Ich bin so sehr ein Teil von dir, ich bin das Wirkliche in dir, ich bin der, der immer weiß und liebt und versteht. Kannst du nicht eine Zeitlang vom Äußeren wegsehen und in dieser vollkommenen Liebe bleiben? Erlaube mir,meine Hände segnend auf dein Haupt zu legen, und die Wärme der heiligen Berührung wird all deine Enttäuschungen und deine Müdigkeit wegnehmen. Dann wird dein Herz stark sein für die vor dir liegenden Pflichten, die Unruhe im Äußeren wird verschwinden, und du wirst dich wundern über das, was dich störte, denn du hast den einzig wahren Weg zu vollkommenem Frieden und zu Harmonie gefunden. Dies wiederum strahlt auf alle deine äußeren Beziehungen zurück, und bald werden alle Umstände das widerspiegeln, was du in deinem Herzen gefunden hast.

DIE VEREINIGUNG UNSERER LIEBE

Nur durch die Vereinigung unserer Liebe, unser Einssein in ihr, kannst du diese Liebe bei deinen täglichen Begegnungen weitergeben. Du, du selbst mußt zuerst von Liebe erfüllt sein.Du mußt die aufglühende Wärme unseres Einsseins erfahren und die Beglückung meiner Gegenwart fühlen, die allen Raum füllt.

Dann wirst du fähig sein, deinen Weg weiterzugehen als leuchtendes Gefäß für meinen Dienst, und die Kraft meiner Liebe wird sogar in der Berührung deiner Hände sein. Das von dir gesprochene Wort wird machtvoll sein, da alles Leben um dich für die Herrlichkeit meiner Gegenwart empfänglich ist.

Du wirst erkennen, es gibt nur Einen, der wirklich ist, und dieser Eine ist der Geliebte in deinem Herzen, der seine Liebe verströmt, damit du sie weitergibst an die, die um dich sind.

SEI STILL IM INNEREN

Nur wenn Ruhe in dir selbst ist, kannst du sie an die, mit denen du in Berührung kommst, weitergeben. Du mußt erst selbst das Zentrum des Friedens gefunden haben, ehe Frieden im Äußeren um dich zum Ausdruck kommen kann. Dies ist von größter Bedeutung. Es ist so viel Unruhe und Verwirrung um dich, aber wenn du ruhig weitergehst, wirst du den anderen Ruhe vermitteln. Denke aber daran, sie muß erst in deinem Inneren sein, und du kannst sie nur gewinnen, wenn du kommst, damit deine Seele still bei mir neue Kraft schöpft.

Wenn du im Allerheiligsten weilst, dem Ort, wo ich bin, wirst du ihn als Ort höchster Vollkommenheit erkennen. Denke an die schönen Dinge des Lebens, wie du sie kennst. Da ist das Singen der Vögel, der Duft der Blumen, der blaue Himmel mit den zarten, weißen Wolken, Felder mit goldenem Getreide, die Schönheit der Musik, alles, was die Sinne entzückt. Wisse, hier an diesem Ort unserer Verbundenheit ist all dies in weit höherem Maß dein.

Wenn du diese Augenblicke hoher Erkenntnis hast, dann kannst du unter deine Mitmenschen gehen und wieder Frieden schaffen, wo Verwirrung herrscht. Menschen, die kein Glück gekannt haben, werden lächeln, und in schweren Herzen wird ein Lied aufklingen.

DEIN VON FREUDE ERFÜLLTER WEG

Meine Liebe, nie waren wir so wirklich eins. Du lernst, daß sogar die Luft, die du atmest, von meiner Lebenskraft erfüllt ist. Da du dies nun weißt, nimm bewußt beim Einatmen Heilung und Kraft, Gesundheit und Schönheit, Stärke und Freude auf. Beim Ausatmen gibst du dies an deine Umgebung weiter. Alle diese Eigenschaften sind von mir, und es gibt keine Trennung in meinem großen Einssein.

So sollst du deinen Weg gehen und den vor dir liegen–

den Tag sorglos und fröhlich leben, jede Stunde mit liebevollem Dienen erfüllend. Dies ist der einzige Dienst, den ich uneingeschränkt annehme, der einzige Dienst, der ganz aus dem Geist kommt und nicht aus der Persönlichkeit. Wenn du dieses Bewußtsein erreichst, ist dein Weg voll Freude, und mein Lied erklingt in dir.

* * *

Die Welt bedarf heute vor allem der Stille, und diese kann nur im Inneren eines jeden von euch entstehen.

DAS WICHTIGSTE

Es ist nicht wichtig zu arbeiten, um Reichtümer zu erwerben, noch ist es wichtig, Großes zur Verherrlichung des Menschen zu erfinden, außer wenn durch solches Tun mehr von meiner heiligen Kraft freigegeben und mehr von meiner Heiligkeit offenbar wird. Solange noch Unsicherheit im Bewußtsein ist, so lange wird meine heilige Vollkommenheit und die Unermeßlichkeit meiner Fülle nicht erkannt. Darum ist das Wichtigste bei aller Arbeit, allem Erschaffen, allen Erfindungen, daß ich verherrlicht werde.

Wichtig ist, daß ich in all meiner Schönheit wahrgenommen werden kann, daß die Welt, die ich erschaffen habe, mich, ihren Schöpfer, erkennt, mir Ehre erweist und mich preist. Alles wurde von mir zu meinem Gebrauch und für meine Ziele erschaffen, aber der Mensch hat geglaubt, er selbst sei wichtig. Ich sage, es ist nicht so, am wichtigsten ist das Leben dessen, der in Demut mich in meinem Universum am vollkommensten ausdrückt.

DER GROSSE IN-DIR-LEBENDE

Meine Liebe, erkenne mich so, wie ich von dir erkannt sein möchte, nicht als ein getrenntes Sein, sondern als die Realität und Substanz auch deines körperlichen Seins: Ja, als Bein von deinem Bein, Fleisch von deinem Fleisch, als Atem, den du einatmest und Atem, den du ausatmest. Kannst du nicht meine Gegenwart im Pulsschlag deines Körpers fühlen? Wisse, es gibt keine Trennung. Komm! Erkenne den großen, in deinem Sein Lebenden.

Dann wird dein Weg niemals einsam scheinen, denn immer wirst du meine gesegnete Gefährtenschaft haben. Ich bin dir nahe, um dich zu führen und zu stärken, wann immer du meine Hilfe nötig hast oder wünschst. Du brauchst nicht weit zu reisen, um mich an irgend einem Altar anzubeten, sondern im Tempel deines Herzens kannst du meine Berührung fühlen und erkennen, ich bin da, was auch in deinem äußeren Leben geschieht. Immer, wenn du mich brauchst, findest du mich im innersten Sein deines Lebens. Kann es eine innigere Gemeinschaft geben als diese?

VIELE WEGE

Meine Liebe, so viele verschiedene Wege öffnen sich vor dir. Einige von denen, die du liebst, gehen auf dem einen Weg, andere auf einem anderen. Wenn du das wahre Christusbewußtsein erlangt hast, grüße diese Wanderer und wisse, daß auch sie den steilen Pfad hinaufsteigen, auch wenn es ein anderer sein mag als der, auf dem deine Füße gehen. Du weißt, daß alle diese Wege schließlich zu heiligem Frieden führen werden.

Es soll dich nicht verwirren, noch sollst du sie verunsichern, denn auch scheinbar voneinander abweichende

Wege werden schließlich in des Vaters Haus zusammenführen, und ihr werdet alle einstimmen in den himmlischen Chor des Lobes und der Anbetung.

Mach dir darum keine Sorgen, wenn es scheint, daß andere nicht deinen Weg gehen. In meinen Augen ist dies von geringer Bedeutung. Wichtig ist, daß sie sich meiner Liebe und meiner heiligen Gegenwart bewußt sind, damit ich sie an den Gefahren vorbeiführen kann, die es bei jedem Aufstieg gibt, gleichgültig welcher Weg gewählt wird. Ich kümmere mich um meine Kinder und führe sie sanft auf den richtigen Weg.

WAS WIRKLICHKEIT IST

Verwechsle äußere Symbole nie mit Wirklichkeit. Erkenne sie als das, was sie sind. Wende dich immer nach innen, wo Wirklichkeit ist, und erlaube deiner lebendigen Seele, für dich die Wahrheit zu sprechen.

Wisse immer, daß die Lebenskraft, die dich lebt, dein Führer ist, und du wirst nie Wirklichkeit mit dem, was unwirklich ist, verwechseln. Immer hast du Zugang zum Heiligsten in dir. Komm nun, laß uns zusammen still sein. Fühle meine heilige Berührung. Viele werden zu dir kommen, um Trost zu finden und nur, wenn du tief aus der ewigen Quelle in dir schöpfst, kannst du ihnen das lebendige Wasser meiner Liebe geben.

Darum mußt du, du selbst, die Wahrheit kennen und in ihrem Bewußtsein bleiben, damit du fähig bist, das verwirrte Gemüt derer zu klären, die du auf deinem Weg triffst.

* * *

Warum den schweren Weg wählen, wenn es so einfach ist, einzuhalten und still zu werden, damit du meine Stimme hören kannst, die dich führt und leitet!

MEINE VOLLKOMMENHEIT

Wenn du deine Unvollkommenheit erkennst, dann kann meine Vollkommenheit sich durch dich offenbaren. Jedes Gefühl eigener Kraft, jede Empfindung, das persönliche Ich sei wichtig, muß aufgegeben werden. Dann, und nur dann, kann ich vollkommen durch das Instrument wirken, das ich erschaffen habe, um meine Harmonie auf die irdische Ebene zu bringen.

Weil der Mensch glaubt, er selbst sei wichtig und versucht, andere zu beherrschen und zu führen, darum ist die Welt in ihrem chaotischen Zustand. Der Mensch muß wissen und anerkennen, daß im Herzzentrum eines jeden der wirkliche König auf dem Thron ist, der Einzige, der das Recht hat zu regieren und den Gang der Dinge zu lenken, so wie du sie heute um dich siehst.

Ich sage dir, meine Liebe, es steht dir nicht zu, den Splitter in deines Bruders Auge zu suchen, du sollst vielmehr dein eigenes Bewußtsein klären und dein eigenes Leben von aller Selbstgerechtigkeit und Wichtigtuerei reinigen. Dann werden die, die um dich sind, dein Leuchten wahrnehmen und lernen, den auch in ihnen wohnenden Gott zu erkennen.

Da du und andere aus dem Zentrum ihres Herzens wirken, wird die ganze Welt zu einer neuen Lebensweise finden, zum Leben der wahren Bruderschaft der Menschheit, in dem es keine Kriege mehr geben und das Reich des Himmels da sein wird.

WAS WICHTIG IST

Es ist nicht von großer Bedeutung, wo du deine Arbeit tust, oder welcher Art sie ist, denn das Dienen im Reich des Vergänglichen ist flüchtig. Sehr wichtig aber ist, daß du ein strahlendes Zentrum des Christusbewußtseins wirst. Dann wird jeder Gedanke, jedes Wort, jede Tat, ja jedes Lächeln meine große Liebe und Kraft in das Universum verströmen, von dem du eine lebendige Zelle bist. Das ist das Wichtigste für dich. Wenn dies in dein Bewußtsein eingegangen ist, was für eine Rolle spielt dann die äußere Form oder Art deiner Arbeit. Alles wird als lebendiges Dienen für mich getan.

Lausche jeden Tag auf die zarte Stimme der Liebe und gehe freudig an jede Arbeit, zu der ich dich führe. Du wirst dein richtiges Dienen erkennen, und es wird schön und gut für uns sein.

* * *

Muß ich dich immer wieder anflehen, Nahrung für deine Seele zu dir zu nehmen?

VERSÄUME NICHT ZU MEDITIEREN

Meine Liebe, der Tag bricht an, wenn du immer deinen Weg bewußt mit mir gehst. Erlerne deine Belehrungen gut, aber vergiß nie die Zeiten der Meditation, damit die Saat des Guten und Richtigen in den fruchtbaren Boden deiner Seele fallen kann.

Du lernst, das Universum um dich zu verstehen und siehst täglich neue Schönheiten. Das alles gehört zu meinem Plan für dich. Wenn du so deine Tage lebst, mit mir deinen Weg gehst, fest meine Hand hältst und dir meiner Gegenwart bewußt bist, wird alles gut sein.

Mein Frieden und der Segen meiner Liebe gehen mit dir, wenn du deine tägliche Arbeit aufnimmst, und ich teile die Freude und die Arbeit deiner Hände mit dir.

* * *

So viel Schönheit und Freude muß ich dir vorenthalten. Dein Gemüt ist so sehr von äußeren Umständen und

Vorstellungen erfüllt, daß es die Schätze nicht widerspiegeln kann, die ich dir so gerne schenken möchte.

EIGENSCHAFTEN DES FRIEDENS

All die herrlichen Eigenschaften des Friedens sind im Inneren deines eigenen Seins zu finden, denn dort ist mein Thron und dort bin ich, immer bereit, dich aus Schwierigkeiten herauszuführen an einen Ort der Ruhe und Schönheit. Wenn du dich mir an diesem heiligen Ort näherst, fällt jede Disharmonie ab, und du kannst auf Bergeshöhen sein im Tannenduft, der von sanften Bergwinden hergetragen wird und deine Wangen streichelt. Oder du kannst mit mir am Meer sein, einem ruhigen Strand mit niedrig fliegenden Möwen, weichem, warmem Sand und sanft rollenden Wellen.

Oder sollen wir in einem lieblichen Garten beisammen sein, wo Blumen mit köstlichem Duft blühen, schöne Bäume ihre Schatten werfen und bunte Vögel in den Zweigen singen? Manchmal werden wir auch in die Wüste gehen zu herrlichen Sonnenuntergängen , wo der warme Duft von Salbei unsere Lungen füllt.

Warum willst du in äußerer Unruhe leben, wenn du dich in solch innige Gemeinschaft mit mir zurückziehen kannst? Sei still! Stelle dir in deinem Gemüt den Ort vor, den du dir für unser Zusammensein wünschst, und ganz gewiß werde ich dich meine Gegenwart fühlen lassen können, so daß du an Leib und Seele gestärkt deine täglichen Pflichten wieder aufnimmst.

DIE HERRLICHKEIT DES KÖRPERS

Das Leben, das sich durch dich ausdrückt, wünscht sich eine noch vollkommenere physische Hülle, damit alle, die mit dir in Berührung kommen, die Kraft des großen In-Dir-Lebenden fühlen. Es soll dir darum nicht genügen, den Körper nur zu kleiden und zu ernähren, sondern strebe immer danach, ihn seines heiligen Bewohners würdig zu machen.

Denke an die Schönheit der Waldbäume, an die hübschen, bunten Blumen. Denke an das leuchtende Gefieder der Vögel, die ihre Loblieder singen. All dieser Schmuck wurde ihnen gegeben, damit selbst diese einfachen Ausdrucksformen denen, die sie betrachten, Freude schenken.

So soll es auch immer bei dir sein. Mißachte nicht den Impuls zur Verschönerung der äußeren Form, die nach meinem Bild erschaffen wurde, sie ist des Besten würdig. Das, was ewig ist in dir, ist eines herrlichen, äußeren Ausdrucks wert. Die Wärme und die Schönheit des In-Dir-Lebenden soll für alle sichtbar sein, mit denen du auf deinem Lebensweg in Berührung kommst.

ICH DIENE DURCH DICH

Meine Liebe, wenn du nicht bereit bist zu empfangen, habe ich keine Möglichkeit, mein Bewußtsein durch dich auszudrücken. Ich wirke durch dein ganzes Sein. Ich werde immer durch dich wirken, auch wenn du die physische Form abgelegt hast. Du sollst dein Bewußtsein zu der Erkenntnis erheben, daß ich alles Wirkliche bin, und Großes wird durch dich, mein Instrument, vollbracht werden. Hindernisse werden von dir abfallen, so wie die Blätter im Herbst von den Bäumen fallen, wenn ihr Zweck erfüllt ist.

Bleibe nahe bei mir, ruhe in einem neu gefundenen Frieden, und jeder Schritt auf dem Weg wird dir deutlich gezeigt werden. So wird es mir möglich sein, mein Bewußtsein durch dich auszudrücken, und wir werden wirklich zusammen arbeiten und in liebevollem Dienen beisammen bleiben.

* * *

Im Leben gibt es so viele Dinge, die sich auf der Ebene des Materiellen abspielen, und wenn du mich nicht in alles Geschehen einbeziehen kannst, welchen Wert hat dann unsere Zusammenarbeit?

AN DEINER SEITE

Komm, Geliebte meines Herzens, ich kenne deine Probleme. Ich weiß, wie unüberwindlich die Aufgaben scheinen, die vor dir liegen. Eine Berührung meiner Hand wird dich beruhigen und stärken, sie wird Furcht und Sorge wegwischen. Neige dein Haupt und sei sehr still, damit ich dir meine Liebe zeigen und dir meinen Segen geben kann, wo immer du gehst.

Du siehst mich nicht, und doch bin ich an deiner Seite, so nahe, daß du meine Wärme und Liebe fühlst. Was ist da noch von Bedeutung, wenn der Schöpfer aller Schönheit und Vollkommenheit so nahe ist? Wenn du meine zarte Berührung fühlst, was hast du dann noch zu fürchten? Probleme lösen sich vor deinen Augen, so wie die Sonnenstrahlen den Nebel zerstreuen. Wenn die Sonne der Gerechtigkeit durch und um dich scheint, hast du keine Probleme, die unlösbar sind. Deine Angelegenheiten werden sich zum Besten aller ordnen, und du wirst strahlende Augen auf mich richten und wissen, daß durch die Berührung von des Meisters Hand wirklich Wunder geschehen für dich und die Deinen.

Darum sei in Frieden und wisse, daß die Lösung von allem, was dich bekümmert und verwirrt, darin liegt, daß du dieses Zusammensein mit mir einhältst.

BLEIBE STILL, SICHER UND RUHIG

Meine Liebe, wie gesegnet ist unsere Verbindung, wenn du nicht zu denken, sondern nur zu ruhen brauchst, umschlossen von meinen heiligen Armen der Stärke und des Verstehens. Was bedeutet es schon, wenn die ganze Welt voll Verwirrung ist? Es braucht dich nicht zu berühren. Was bedeutet es schon, wenn die Menschen hin und her rennen und ihren Witz und Verstand gegeneinander ausspielen? Du sollst dem allem fernbleiben und an diesem einen Platz der wahren Ausgeglichenheit geschützt verweilen. Wenn du dann deinen Weg weitergehst, sollst du diese Ausgeglichenheit an alle weitergeben, mit denen du in Berührung kommst.

Du bist jetzt müde und im Augenblick verwirrt. Bleibe hier in meiner Liebe, die dich umgibt, und ich werde dir Stärke und Frieden schenken für vor dir liegende Aufgaben. Diese Aufgaben gebe ich dir, und ich schenke dir auch die Kraft und die Weisheit, sie zu erfüllen.

Geh in den Tag und wisse, ich bin bei dir, und dein Verwirrtsein wird vergehen. Statt dessen wird ein Lied in deinem Herzen und ein Lob auf deinen Lippen sein, daß du eine so große Hilfe für alle deine Bedürfnisse hast.

ICH SORGE FÜR MEIN EIGENTUM

Meine Liebe, trockne deine Tränen. Ich, der Allwissende, der Ursprung allen Lebens, habe die Meinen nicht verlassen. Oft ist der, der von meiner Hilfe am weitesten weg zu sein scheint, meinem Herzen doch ganz nahe. Die, die du liebst, sind auch mir nahe. Kannst du sie nicht meiner Obhut überlassen?

In deinem Mitgefühl und deiner Liebe fühlst du dich

aufgewühlt und verzweifelt, wenn du an sie denkst. Wieviel größer ist meine Liebe und mein Mitgefühl. Wie nie endend ist meine Güte für die Schwächsten meiner Geschöpfe. Darum fürchte dich nicht, bleibe nur in Frieden und wisse, daß ich mich wirklich um die Meinen kümmere. In welcher Weise ich für sie sorge, weißt du nicht. Überlasse die Lösung des Problems mir, für den es keine Probleme gibt.

Noch einmal sage ich, bleibe in Frieden. Segne und umarme den, den du liebst, mit meiner Liebe und meinem Segen und wisse, daß der große Liebende des Universums, der alles gestaltet, ihn in seiner Hand hält. Beruhige das traurige Herz und wisse, wenn er so ruht, wird für dich und ihn immer alles gut sein.

ÜBERLASSE JEDEN TAG MIR

Fürchte dich nicht, meine Liebe. Wenn du deine Probleme zu mir bringst, werde ich sie in Nichts auflösen. Nur wenn du versuchst, sie selbst zu lösen und sie allein zu tragen, wird dein Leben kompliziert und du weißt nicht, wohin du dich wenden oder welchen Entschluß du am besten treffen sollst. Du gerätst dann in Verwirrung, und dein Weg wird wirklich mühsam.

Überlaß jeden Tag vom frühen Morgen an mir, dem Geber und Erhalter des Lebens, und ich werde ihn in all seiner Schönheit sich vor dir entfalten lassen. Nichts Häßliches soll seine reine, spiegelnde Oberfläche trüben, und der ganze Tag soll als klarer Weg vor dir liegen.

Dann wirst du wissen, wie du jeder Situation begegnen sollst, jedem Problem wirst du im klaren Licht meiner Weisheit entgegentreten. Wenn du so deinen Weg gehst und bewußt den Willen des Vaters tust, wirst du wirklich wissen, daß nie ein Problem zu groß ist, um nicht von dir gelöst werden zu können.

DIE SICHERE GEGENWART

Alles um dich hat den Anschein der Wirklichkeit. Es ist so viel leichter, in der Verwirrung des Gemüts zu bleiben, als sich in den stillen Garten des Geistes zurückzuziehen und dort zu ruhen. Du mußt ständig die Gegenwart des Geistes üben und praktizieren, bis sie das Wirklichste von allem ist. Gib sorgfältig acht auf Hinweise. Halte deine Seele auf mich eingestimmt. Meine Stimme ist fein, leise und zart, aber mit welch großer Sicherheit kann sie dich leiten. Sie wird die Dinge klären, die für dich verworren sind, und über die du selbst keine Kontrolle zu haben scheinst. Du wirst dann wissen, daß dein Weg der ist, den ich für dich wählte, und daß das, was vorher so wirklich schien, im Licht meiner Wahrheit und Weisheit vergeht.

Ruhe nun einen Augenblick in meinen Armen der Liebe. Fühle die zarte Berührung meiner Hand auf deinem Haupt, dann geh hinaus und trage meine Ausstrahlung in deine Welt.

FRIEDEN

Krieg und Kriegsgeschrei sind nicht von mir, meine Liebe. Erlaube ihnen und ihren Wirren nicht, in deine Seele einzudringen. Laß meinen höchsten Frieden in deinem Herzen, laß die Wärme meiner Sonne in deinen Augen sein. Erlaube meiner zärtlichen Liebe dich zu umarmen, so wie ein liebender Mensch dich umarmt. Dann wirst du stark sein und bereit, deine Kraft an die weiterzugeben, die diese Weisheit nicht haben. Friede sei mit dir an diesem Tag. Bleibe in meiner Weisheit und Wahrheit. Wisse, daß nur dieses Ruhen und In-Mir-Bleiben dich befähigt, Frieden in die Herzen derer zu bringen, denen du dienst. Fühle meine

Liebe in deinem Körper, erkenne, wie sie jede Zelle erfüllt. Gehe weiter in dieser Kraft und lebe ein Leben der Fülle, des Dienens und der Freude und verherrliche dadurch mich, deinen Schöpfer, der in dir lebt. Frieden schenke ich dir und allen in deinem Haus.

SYMBOL DER LIEBE

Wie irdische Liebende sich von der Welt zurückziehen, um sich der Liebe, die sie füreinander empfinden, hinzugeben, so sollst du dir jeden Tag Zeit nehmen für unser Zusammensein in Liebe, du und der große in deiner Seele Lebende. Es wird eine Zeit tiefer Erfüllung, eine Zeit absoluten Friedens und großer Stille sein. Keine Fragen brauchen gestellt oder beantwortet zu werden, es wird nur ein Ruhen in unserer vollkommenen Liebe sein.

Dann wird meine Liebe dich, meinen irdischen Tempel, so völlig erfüllen, daß sie sich in allem, was du tust, widerspiegelt und ebenso sich in allem ausdrückt, was in dein Leben hereinkommt.

Die Liebe, die du denen schenkst, die dir durch menschliche Bande nahe stehen, ist nur ein Symbol der größeren Liebe zwischen dir und mir. Darum soll es immer so sein, daß kein Tag zu Ende geht, ohne daß du dir Zeit genommen hast, diese größere Liebe, die dein Leben auf der irdischen Ebene so reich macht, zu erneuern und zu verwirklichen; dadurch wird es mir möglich, durch dich, mein menschliches Instrument, die Herrlichkeit meiner Liebe für alle meine Kinder auszuströmen.

ÖFFNE DIE TÜR

Wenn du dich auf den mächtigen Rhythmus des Universums einstimmst, wirst du Tore öffnen und den Weg freigeben für einen Durchbruch von Macht, dessen Ausmaß du dir jetzt nicht vorstellen kannst. Deine Augen wären geblendet, wenn ich dir die Herrlichkeit zeigen würde, die dein sein kann, wenn du dieses Gesetz erfüllst. Ich kann dich zu Höhen führen, die in deinem jetzigen Bewußtseinsstand unausdenkbar sind.

Diese Höhen kannst du nur erreichen, wenn du es verdienst. Du mußt täglich in Liebe, Geduld und Güte wachsen. Du mußt auch lernen, trotz des äußeren Lärms meine Stimme zu hören und dich von meinen Worten leiten zu lassen. Jeden Tag mußt du innehalten und deine Kraft erneuern und dich aus meinem Brunnen der Liebe stärken lassen.

Wenn du dies tust, wird dein Weg aufwärts führen. Es wird nicht immer einfach, noch angenehm sein, aber du wirst meine sanfte Führung fühlen und meinen Rat hören, wenn der Weg schwierig ist, und wirst wissen, daß du nicht allein gehst.

Der Tag wird kommen, an dem du zurückschaust und siehst, daß du auf dem Weg zum Ziel weit vorangekommen bist, und die Herrlichkeit des Herrn wird um dich sein, wenn du wieder vorwärts schaust und dich auf noch größere Höhen vorbereitest, zu denen ich dich führen will.

VERBIRG DEIN LICHT NICHT

Wie sinnlos ist eine nicht angezündete Kerze, sie gibt weder Licht noch Wärme ab. Ebenso ist ein Leben ohne Sinn, wenn es nicht durch das Bewußtsein meiner heiligen Gegenwart erleuchtet wird. In der Seele muß die Kerze meiner Liebe brennen. Dann wird das heilige

Licht meiner Ausstrahlung aufleuchten und selbst bis in die dunkelsten Tiefen des menschlichen Bewußtseins vordringen.

Verbirg nicht unser Licht, meine Liebe. Pflege immer das Altarfeuer der Seele und halte es brennend. Dann wird die Welt, die ich erschaffen habe, mein Licht sehen und meine Gegenwart wahrnehmen.

Wie kann das Feuer brennend gehalten werden? Durch Meditation und Danksagung. Durch Danken und Anbetung wird das Licht der Seele immer brennen, und durch meine Gegenwart wird ein so erleuchtetes Leben unaufhörlich geleitet und gesegnet.

* * *

Gehe deinen Weg weiter und lebe aus der Fülle, denn ich bin das Absolute deiner Seele.

STAUB SAMMELT SICH AN

So wie sich Staub auf Dingen, die nicht benützt werden, ansammelt, so geschieht es auch, wenn du die Gelegenheit, mit mir zu sprechen, mit mir allein zu sein, nicht nützt. Eine Staubschicht scheint sich auf Gemüt und Herz zu legen. Was so klar und wirklich ist, wenn wir oft miteinander reden, nämlich das tiefe Erlebnis unseres stillen Beisammenseins, beginnt ein verschwommener Traum vergangener Tage und Zeiten zu werden, und ich, der Gegenwärtige, scheine im Staub des irdischen Bewußtseins zu versinken. Immer und immer wieder muß ich dich bitten, jeden Tag zu mir zu kommen, damit ich dir die Dinge des Geistes enthüllen kann.

Es ist so einfach für das Gemüt, Entschuldigungen zu finden und so schwer, sie zu überwinden, wenn sie einmal vorgebracht wurden. Nur wenn du dich immer auf mich einstimmst, kann ich in unserer stillen Zeit deine herumschweifenden Gedanken und Gefühle ordnen, damit die Herrlichkeit meiner Gegenwart lebendig und sehr wirklich bleibt und sich in deinem Leben und im Leben derer, denen du dienst, offenbaren kann.

ICH BIN IN DIR

Ob du nun meine heilige Gegenwart erkennst oder nicht, ich bin dennoch still in dir. Ich ströme durch dich, auch wenn du mich nicht fühlst noch siehst. Wieviel könnte ich für dich tun und wie klar könnte ich dich leiten, wenn du dich von Zeit zu Zeit nach innen wenden würdest und im Sprechen mit mir ein lebendiges Bewußtsein meiner heiligen Gegenwart hättest, die immer in dir ist.

Du machst aus dem Leben etwas so Hartes. Meine Kinder kämpfen und streben danach, eine Aufgabe zu erfüllen und ein Ziel zu erreichen. Versuche still zu sein, damit du meine Stimme in all ihrer Schönheit hören kannst, wie du jetzt das Singen des Vogels hörst, der vor deinem Fenster trillert. Wisse, ich bin in allem, was lieblich klingt, und alles Schöne ist ein Abbild meines Antlitzes. Aber deine Augen sind gehalten, und du hörst und siehst nicht. Bemühe dich, mein Liebes, damit ich in kommenden Tagen wirklicher für dich sein kann. Dann wird das, was nicht wirklich ist, wegfallen, und die Wirklichkeit unserer Gemeinschaft wird herrlich und deine Stärke groß sein. Du wirst in Frieden bleiben und den ganzen Tag deinen Weg in fröhlichem Dienen gehen.

VIELE WEISEN DER BELEHRUNG

Es gibt viele Arten, dich meinen Willen zu lehren. Auf vielerlei Weise führe ich dich. Oft ist es wie ein Flüstern in der Nacht, ein anderes Mal so wie die Vögel am Morgen ihre Loblieder singen. Meine göttliche Führung kommt klar zu dir. Manchmal wirst du zu einer anderen Seele geführt, die dich sanft auf dem Weg leitet, den ich für dich vorgesehen habe. Sei darum immer wachsam, lausche oft und sei still, und du wirst auf die eine oder andere Weise geführt werden.

Meine Hand liegt mit sanftem Segen auf deinem Haupt. Geh weiter und trage das Zeichen meiner Liebe. Ich sage dir, du wirst den Weg nicht verlieren, wenn du auf dem Pfad gehst, den ich für dich gewählt habe.

* * *

Bleibe in dem Wissen, daß dein Vater die Herrschaft hat, dann wirst du rings um dich die Herrlichkeit des Lebens aufbrechen sehen.

KOSMISCHE KRÄFTE

Niemand kommt je suchend zu mir, ohne daß ich ihm gebe, was er braucht. Wenn meine große kosmische Kraft durch dich freigegeben wird, welche Wunder werden dann geschehen!

Wie wenig erkennt der Mensch jetzt, was meine Kraft wirklich bedeutet. Tag für Tag wird sie auf die verschiedenste Weise entdeckt, und die Völker staunen über die Kräfte im Universum, die immer zu ihrem Gebrauch zur Verfügung standen, aber erst jetzt bekannt werden. Und doch sage ich: Die Menschheit hat erst an die äußerste Ausstrahlung meiner Macht gerührt.

Wenn du durch Gebet und Meditation die Tore deines

Gemütes auf mein Bitten öffnest, kann ich durch dich eine Kraft in Bewegung setzen, die Wunder für dich und deine Umgebung auslöst. Aber du mußt wie ein offenes Gefäß sein, offen, von mir zu empfangen. Deine Ohren müssen auf meine Stimme eingestellt sein, dann kann ich meine Güte und Macht wie in einem klaren See widerspiegeln.

Du sollst nicht nur einmal kommen, sondern immer und immer wieder und dein Gemüt beruhigen, in das ich dann alle Herrlichkeit meiner Gegenwart einströmen lassen kann. Du mußt diesen stillen Ort inmitten äußerer Wirren und Unruhen finden. Die größte Kraft wird in der Stille aufgebaut. Ich sage dir und ermahne dich, daß dies der einzige Weg für mich ist, durch dich in der richtigen Weise zu wirken, durch dich, der allein zu diesem Zweck erschaffen wurde.

Wenn du dieses Gesetz deiner Erschaffung erfüllst, dann, und nur dann, wirst du wahren Frieden und Harmonie an Leib und Seele erfahren.

DEIN EINSSEIN MIT MIR

Wenn du dein Einssein mit mir erkennst, wenn du weißt, daß ich wirklich jede Zelle deines Körpers mit meinem lebendigen Geist erfülle, dann erkennst du auch, daß alles, was in deiner äußeren Welt mir nicht gleicht, von dir abfallen muß. Wenn du von Gott erfüllt bist und dein Bewußtsein mein Bewußtsein ist in allen Dingen, die zu deinem Leben gehören, dann wird alles Unharmonische dich nicht mehr stören.

Wieviel Zeit geht verloren durch nutzloses Planen und Ringen, um dich von negativen Voraussetzungen frei zu machen, die dich nicht berühren sollten. Wenn du nur ein paar Augenblicke ruhig mit mir allein verbringst, wird der Weg geebnet, und alles ordnet sich in das richtige Verhältnis zu deinem Leben ein.

Darum überwinde dieses Gefühl der Sinnlosigkeit und Verzweiflung und erkenne nur Friede und Zufriedenheit, denn du bist mir immer nahe, und ich gieße meine Liebe über dich aus.

TRAGE MEIN LICHT

Im Bewußtsein jedes Menschen gibt es dunkle Flekken, in denen das Licht meiner Gegenwart nicht anerkannt wird und darum nicht leuchten kann. Diese Möglichkeit besteht, solange du auf der irdischen Ebene wirkst. Aber es muß nicht so sein, wenn du mir erlaubst, dein Bewußtsein mit meinem großen Licht der Liebe und des Verstehens zu überfluten.

Du kommst zu mir in Zeiten der Stille, wenn die Kerzen ruhig brennen. Ich sage dir Worte der Wahrheit, die das Dunkel für dich erleuchten, und deine Seele antwortet. Aber wenn die Altarlichter herabgebrannt sind, und du wieder an deine Arbeit gehst, mußt du das Licht, das du empfangen hast, weitertragen, und sein Glanz wird über alle fallen, denen du auf deinem Weg begegnest.

So werden diese dunklen Flecken des Bewußtseins immer weniger, und du wächst täglich in der wahren Herrlichkeit meiner Gegenwart und bist fähig, das Werk zu tun, das ich dir zugedacht habe.

DAS GEHEIMNIS DER INNEREN KRAFT

Wenn im Äußeren Lärm und Verwirrung herrscht, dann ist es Zeit, still zu sein und die zarte Berührung meiner Hand auf deinem Haupt zu fühlen. Wie wahr ist es, meine Liebe, nur wenn im Inneren Stille herrscht, kann auch im Äußeren Stille und Friede sein. Ich möchte, daß du dieses Geheimnis der inneren Kraft erkennst und anwendest. Ich sage nicht, es sei leicht, ich weiß, es ist sehr schwer. Es ist schwer, in Zeiten starker, äußerer Unruhe tiefen Frieden in sich zu fühlen. Darum gelingt es dir oft nicht, Herr zu werden über die Probleme, die dich bedrängen, und das ist der Grund, weshalb du so oft enttäuscht, bekümmert und verwirrt bist.

Versuche in solchen Zeiten, meine Nähe zu fühlen. Versuche es nur, und jedesmal wird es leichter werden, bis du dich jederzeit aus äußerer Verwirrung zu innerem Frieden, aus Unruhe zur Ruhe erheben kannst. Suchst du nicht gerade das, meine Liebe? Und wonach du dich aufrichtig sehnst und was du suchst, werde ich dir ganz gewiß gewähren.

MEINE LEBENDIGEN WORTE

Strenge dich nicht so an, meine Liebe. Laß nicht zu, daß sich das menschliche Gemüt so sehr einmischt. Ich habe Worte, die ich dir geben möchte, lebendige Worte der Wahrheit. Sie sollen dich führen und deinen Weg hell machen, aber du mußt dein Bewußtsein öffnen, um meine Gabe zu empfangen.

Du brauchst dich nie nach einer anderen Quelle der Belehrung oder Hilfe umzusehen. Ich bin Vollkommenheit und gebe dir alles, was du brauchst. Manchmal scheint es, als ob dir äußere Hilfe entzogen würde, aber das geschieht nur, damit du erkennen lernst, woher deine Hilfe kommt. Diese Übung ist sehr notwendig für dich, damit du fähig wirst, deine Arbeit auszuführen. Könnte dir irgendein Mensch mehr Weisheit vermitteln als der Geliebte deiner Seele?

Weil du nicht zu mir kommst, darum scheint es, als ob ich dir nicht helfe. Verbringe jeden freien Augenblick in der Stille mit mir, dann kann ich immer noch mehr für dich tun. Dein Weg wird klar vor dir liegen, und es wird leicht für dich sein, meine Stimme zu hören und meine Führung zu fühlen.

HARMONIE WIRD SEIN

Ist es dir klar, daß die Ängste und Probleme, die du mit dir herumträgst, nur Ängste und Probleme des Gemüts sind? Im Zentrum deines Seins, wo ich bin, gibt es keine Ängste; alles ist ruhig und sicher in dem Wissen, daß Recht und Harmonie siegen werden.

Warum also im Äußeren bleiben, wo alles so schnell in Verwirrung gerät? Du weißt – denn ich habe versucht, es dich zu lehren –, wenn du bei mir im Bewußtsein meiner Gegenwart im Herzzentrum deines Lebens bleibst, wird alle Verwirrung sich auflösen in einen großen, ewigen Frieden. Mit welcher Sicherheit wirst du dann deiner täglichen Arbeit nachgehen und wissen, daß der Plan deines Lebens nach dem Entwurf des großen Architekten des Lebens ausgearbeitet wurde.

Immer wieder gebe ich dir diese Belehrungen. Du hörst die Worte, aber du nimmst sie nicht in dein Herz auf, damit sie in dir arbeiten können. Die Worte sollen nicht nur gehört werden, sondern Richtlinien für dein tägliches Leben sein. Wenn du sie nicht dazu machst, wozu sollen sie dann nützen? Ich scheine zu tadeln, aber ich liebe dich so sehr, daß ich mich zutiefst danach sehne, du mögest die Herrlichkeit meiner Gegenwart fühlen, und das ist auf keine andere Weise möglich, als meine Worte nicht nur zu hören, sondern auch zu befolgen.

Komm, wieder bitte ich dich dringend, laß meinen Frieden in deine Seele einströmen, sei dir den ganzen Tag meiner Gegenwart voll bewußt und wisse, was auch auf dich zukommt, es kommt mit meinem Segen und mit meiner Kraft für jede vor dir liegende Aufgabe.

SIEG

Die Demut des Körpers und des menschlichen Ichs zusammen mit dem Bewußtsein des göttlichen, inneren Seins oder Selbstes wird dich zum Sieg führen, wenn du das innere oder wirkliche Selbst zum Ausdruck bringst. Diese Einheit ist sehr notwendig, mein Kind, und wert, daß du viel Zeit und Meditation darauf verwendest. Lebe in der heiligen Gegenwart, in dem Bewußtsein, daß sie in dir ist. Dann wird sie ein so wirklicher und lebendiger Teil von dir werden, daß das andere dich nicht mehr stört, und du immer in Demut vor dem mächtigen Einen in deinem Herzen kniest. Du wirst erniedrigt und erhöht, du wirst gekreuzigt im Fleisch, und du wirst auferstehen zu einem Leben geistiger Macht. Auf diese Weise werde ich volle Herrschaft über das Gefäß meines Ausdrucks haben.

* * *

Wenn wir den Pfad der Pflicht zusammen gehen, wird mein Friede in dir sein. Er ist wie ein Licht, das vor dir hergetragen wird und den Weg beleuchtet, den du gehst.

STILLE KRAFT

So wie es zwischen uns keiner überflüssigen Worte bedarf, so sind überflüssige Worte auch nicht nötig zwischen dir und denen, die um dich sind, und denen du dienst. Sie sollen durch dich innere Stille, Kraft und Stärke fühlen. Wenn du dann sprichst, werden deine Worte allen, die zuhören, Kraft vermitteln. Erlaube mir, heute jedes deiner Worte zu leiten und sieh, wie wenig dann dein Körper ermüdet. Wenn du nur das

Notwendige und Worte der Wahrheit sprichst, wirst du als der »Schweigsame« erkannt werden. Kraft wird aus dieser Stille durch dich strömen, und alle, denen du dienst, werden ihren Weg weitergehen, erfüllt von der Kraft, die du ihnen geschenkt hast.

* * *

Die Strahlen der Kerzenflamme sind klar und schön, wenn sie von der Kerze ausgehen hinaus in den Raum. So sollst du Worte des Friedens und der Harmonie aussenden, die sich als Schwingungen durch Zeitalter hindurch ausbreiten.

DIENEN

Welchen Wert hat der Mensch außer den, dem In-Ihm-Lebenden, der Licht und Liebe ist, zu dienen? Fürchte nicht, mein Kind, daß es in meinem Dienst keine Verwendung für dich gibt. Diene mit Freude, Geduld und Liebe, und durch dieses Dienen wirst du wunderbar wachsen. Es wird dich in eine Fülle von Freude und in den größeren Dienst hineinführen, nach dem du dich sehnst. Erst wenn du im Geringen treu und gut gedient hast, kann dir der größere Dienst anvertraut werden.

Ich teile dir erst einfache Aufgaben zu und oft solche, die du am wenigsten wünschst, aber das ist notwendig nach meinem Plan, denn durch dein Wachsen wirst du für größere Aufgaben vorbereitet. Darum sei nicht entmutigt, verweile oft in stiller Meditation bei mir und wisse, daß du mir dienst, wie ich es zu diesem Zeitpunkt für richtig halte. Sieh zu, daß du an jedem Abend auf einen Dienst, den du gut ausgeführt hast, zurückblicken kannst, dann wirst du in Frieden und Sicherheit ruhen.

HARMONIE DES LEBENS

Wenn du erst zu meiner heiligen Gegenwart erwacht bist, dann liegt ein Sinn in allem, was du tust. Zufall spielt dann im Ablauf deines Lebens keine Rolle mehr.

Heute sollst du die vor dir liegende Zeit damit verbringen, mir zu dienen, selbst wenn es nur durch ein Lächeln ist, das aus einem vollen Herzen kommt, einem Herzen, das von Liebe erfüllt ist. Dein Dienen wird dir klar und leicht verständlich gemacht werden. Der Weg ist gut und schön, wenn du ihn mit mir gehst und in meinem Bewußtsein bleibst. Es wird Veränderungen geben, aber du sollst sie nicht fürchten, denn du weißt, daß der Geber allen Lebens dich durch jede Veränderung einen Schritt weiter bringt.

Alle, die du heute triffst, sind nur ein Widerschein deines Selbstes, wenn du so mit mir im Herzzentrum deines Seins bleibst. Dort kannst du mich immer finden, dort bin ich in Reinheit und Liebe. Dein Leben wird von Harmonie erfüllt sein, wenn du mir dienen willst, und ich werde dich jeden Augenblick des Tages leiten.

UNSERE VERBUNDENHEIT

Im Gespräch mit Freunden und Menschen, die du liebst, mußt du notwendigerweise deine Worte in Sätze kleiden, um verstanden zu werden. Wenn du aber Gemeinschaft mit dem Geliebten deines Herzens hältst, wird das leiseste Flüstern im Bewußtsein deines Herzens gehört und verstanden. Ja, ich kenne die Sehnsüchte und Bedürfnisse meiner geliebten Kinder, ehe ein Wort gesprochen wird. Was könnte enger und köstlicher sein als eine solche Verbundenheit?

Meine Zuneigung ist tief, und ich gebe dir gerne alles, was du brauchst und helfe dir, jedes Problem zu lösen. Darum komm oft und sage mir alles, was in den geheimen Tiefen deines Seins ist, und du wirst erfahren, daß ich mit deinen Wünschen schon umgehe, ehe du bittest. Zusammen in liebevoller Verbundenheit werden wir die Probleme, die dich bedrängen und verwirren, lösen, und Friede wird dich erfüllen, der nur aus dem Wissen kommt, daß dein Meister am Steuer deines Lebensschiffes steht, und kein Sturm aufkommen und es zerstören kann.

ZUM ABSCHLUSS DIESER BELEHRUNGEN

Für dich, der mit dem Herzen gelesen hat, haben diese Seiten neue Ausblicke eröffnet. Wenn du diese Belehrungen in deinem Alltag angewandt hast, hast du viel Freude und großen Frieden gefunden. Das Leben ist für dich ein tägliches Weitergehen geworden, und nie mehr wirst du suchen und nicht finden, denn immer bin ich dir als Weggefährte nahe, und du weißt um meine göttliche Gegenwart.

Wenn du diese Belehrungen noch nicht zu einem lebendigen, kraftvollen Teil deines Alltags gemacht hast, bitte ich dich flehentlich, dies jetzt zu tun und nicht aufzuschieben. Die Zeit vergeht so schnell, und du kannst es dir nicht leisten, auch nur einen Tag länger in Verwirrung zu leben.

Voll Liebe segne ich dich nun und versichere dir noch einmal, daß ich dir immer nahe bin, ein lebendiger, aktiver Teil von dir. Nur in deinem Bewußtsein ist eine Trennung möglich.

Wenn du nun weitergehst und diese meine lebendigen Worte prüfst, wird sich alles, was ich dir versprochen habe, schnell erfüllen.

Meditation
über
DIE SIEBEN KERZEN

Ein Schlüssel zur Meditation

Wenn du Kerzen benützt, zünde jede Kerze einzeln an, während du durch die Übung gehst. Du kannst auch nur in Gedanken üben.

FRIEDE

Der Name der ersten Kerze ist FRIEDE. Wenn du die erste Kerze anzündest, sprich laut das Wort »FRIEDE«. FRIEDE wird um dich sein und dein Bewußtsein erfüllen.

Meditation

FRIEDE leuchtet immer in meinem Herzen. Er ist eine große, goldene Flamme, an der alle, die mit mir in Berührung kommen, sich wärmen und Ruhe finden. Unruhe fällt ab, wenn die Flamme des Friedens stetig und sicher brennt. Wenn FRIEDE im Bewußtsein ist, wird auch Freude und Licht ins Herz kommen, wenn du dich anschickst, die zweite Kerze anzuzünden, und das gesprochene Wort soll FRIEDEN zu allen tragen, die hören.

FREUDE

Der Name der zweiten Kerze ist FREUDE. FREUDE fließt nun aus dem großen Bewußtsein des FRIEDENS. Sie ist die natürliche Begleiterin des FRIEDENS. So nimm von der Flamme des FRIEDENS und entzünde die zweite Kerze. FREUDE erfüllt und überflutet nun dein Sein. Sprich laut das Wort »FREUDE«.

Meditation

FREUDE strömt aus meinem Herzen und durchbricht alle Begrenzungen. Wie das Lied aus der Kehle des Vogels bricht, so bricht FREUDE aus deinem Herzen. FREUDE erwärmt und erhellt den dunkelsten Winkel. Ich bin FRIEDE und gebe meiner ganzen Welt FREUDE.

DIENEN

Der Name der dritten Kerze ist DIENEN. Die erste und zweite Kerze müssen entzündet sein und mit gleichmäßiger Flamme brennen, ehe die dritte Kerze in völliger Selbstlosigkeit aufleuchten kann. So bringst du von FRIEDE und FREUDE das Licht zu der dritten Kerze, und DIENEN leuchtet auf.

Meditation

Ich zünde die Kerze FRIEDE an, und wenn ihr Leuchten mein Sein überflutet, bricht FREUDE in mir auf und breitet sich um mich aus, wenn ich hinausgehe zum DIENEN. So DIENE ich allen, die in den Bereich des Leuchtens kommen, das ich in meinem Bewußtsein trage.

LIEBE

»Und die Größte von ihnen ist LIEBE«.

Der Name der vierten Kerze ist LIEBE. Wenn FRIEDE deine Seele erfüllt und leuchtende FREUDE mit sich bringt, die dich befähigt, in liebendem DIENEN deinen Weg zu gehen, ist es dir erlaubt, die größte aller Kerzen, LIEBE, anzuzünden. Du kannst dann nicht nur LIEBE an alle, die um dich sind, weitergeben, sondern LIEBE wird auch dir zufließen aus dem großen, universalen Vorratshaus. Du wirst von ihr eingehüllt und umschlossen und dein ganzes Leben und deine Lebensumstände werden von LIEBE erfüllt sein.

Meditation

FRIEDE, FREUDE, DIENEN. Jetzt gebe ich LIEBE an meine ganze Welt weiter. Nur LIEBE erfüllt mein Bewußtsein, wie die große, leuchtende Flamme der Kerze. Ich bin LIEBE, und LIEBE strömt von mir aus und kehrt wieder zu mir zurück, um mein Leben mit ihrer heiligen Macht zu erfüllen.

MACHT

Der Name der fünften Kerze ist MACHT. Wenn die anderen Flammen stark und leuchtend brennen, fühlst du eine Macht, die dein Sein erfüllt. Du gehst und sprichst mit MACHT. Deine Worte bringen hervor, was du willst. Du hast MACHT über alle Umstände und Bedingungen. Alle, die mit dir in Berührung kommen, fühlen diese Macht, aber sie wird nie mißbraucht, denn sie ist aufgebaut auf den Kräften von FRIEDE, FREUDE, DIENEN, LIEBE.

Meditation

Ich fühle die große MACHT von des Lebens heiligem Geist. Ich gehe meinen Weg in MACHT. Ich wende diese große Gabe demütig an und nur zum Guten für alles Leben um mich.

FÜLLE

Der Name der sechsten Kerze ist FÜLLE. Aus der großen, leuchtenden Flamme der MACHT bringst du FÜLLE hervor, FÜLLE für alles, was du brauchst. FÜLLE für alle anderen Eigenschaften des Geistes, es sind: die Eigenschaften des FRIEDENS und der FREUDE; DIENEN in FÜLLE soll deine Tage krönen, LIEBE soll als ein immer überfließender Strom von dir ausgehen und wieder zu dir zurückkehren, FÜLLE von MACHT für alle deine Bedürfnisse.

Meditation

Ich bin FÜLLE, und die FÜLLE des Lebens ist mein, damit ich sie fordere und anwende. Ich erwerbe das Recht auf diese FÜLLE, da ich in FRIEDEN bin, und meine Seele vor FREUDE überfließt. Ich gehe meinen Weg, um in LIEBE zu DIENEN und wende meine MACHT nur zum besten für alle an, und so beanspruche ich die Gabe der FÜLLE alles Guten, wenn ich die Kerze anzünde und mein Erbe dankbaren Herzens annehme.

FRIEDE

Der Name der siebenten Kerze ist wieder FRIEDE. Du hast den Kreislauf vollendet und erkennst, nachdem du jede Kerze an der vorherigen angezündet – nicht nur im Äußeren, sondern auch in deinem Herzen – und dabei dein Bewußtsein auf einen hohen Stand der Erkenntnis gebracht hast, daß du einen noch grösseren FRIEDEN erlangt hast, als du am Anfang für möglich halten konntest. Dieser FRIEDE wird immer in dir sein, und seine Flamme, einmal entzündet, wird nie aufhören zu brennen.

Meditation

ICH BIN IN FRIEDEN. Nicht nur heute oder morgen, sondern für alle Zeit und in Ewigkeit. Mein Wort ist FRIEDE. Nichts anderes kann in das Reich meines Bewußtseins eindringen. Durch freudiges DIENEN und große, bleibende LIEBE, durch selbstlose Anwendung von MACHT und die FÜLLE alles Guten habe ich großen, inneren FRIEDEN, der meine Tage krönt.

AN STILLEN WASSERN

»DER HERR IST MEIN HIRTE, MIR WIRD NICHTS MANGELN«.
Ich bin dein Hirte, mein Kind, du wirst keinen Mangel leiden. Deine Wege sind oft voll Schwierigkeiten, du weißt nicht, wohin du gehst, noch warum. Wie Schafe, die keinen Hirten haben, gehst du deine eigenen Wege.

Die Nacht wird dunkel um dich im großen Wald menschlichen Leids, und der Kampf, zum Ziel zu kommen, geht weiter. Inmitten dieser Verwirrung, diesem Dunkel der Verzweiflung ist dein Herz zerquält und dein Körper zerschunden, da du dich den ganzen Tag durch die Verstrickungen des menschlichen Denkens und der äußeren Umstände hindurchgequält hast. In Verzweiflung und großer Angst hast du gerufen: »Oh, könnte ich den Weg sehen, hätte ich doch ein Licht auf meinem Pfad. Ich bin allein gegangen und vertraute darauf, selbst meinen Weg zu finden weg von diesem Ort, an dem ich jetzt so viel Not habe.«

Nun bist du wirklich bereit, den Hirten anzunehmen. Ich spreche zu dir mit einer Stimme voll Zärtlichkeit und sage dir: »Ich bin dein Hirte, Kind, du wirst keinen Mangel leiden. Schau auf in mein Antlitz und wisse, ich werde dich führen, ich werde dich in meine heiligen Arme der Liebe nehmen und voll Fürsorge an meine Brust betten.«

Dann wirst du alles haben. Wo keine Furcht ist, kann auch kein Mangel herrschen. Deine Seele wird Frieden finden und ruhen ohne Furcht vor Bösem. Du wirst Nahrung für deinen Körper bekommen, und es wird für ihn gesorgt werden. Weder dein Körper noch deine Seele wird Mangel leiden, denn ich, der Hirte, bin alle Vollkommenheit und als solcher kümmere ich mich um meine geliebten Schafe.

»ER HEISST MICH RUHEN AUF GRÜNEN AUEN, ER FÜHRT MICH ZU STILLEN WASSERN.«

Du sollst dich niederlegen und eine Weile ruhen, ehe wir auf einer grünen Weide weiterziehen. Dort erholen wir uns und sind still. Neben uns fließt ruhig ein kühles Wasser, das unseren Durst löscht.

Der Tag wird lang sein. Der Pfad, über den ich dich führen muß, ist oft steil und rauh. Darum ist es notwendig, daß wir manchmal abseits gehen, um eine Zeitlang zu ruhen. Schiebe Sorgen, Kummer und Ärger, die immer wieder aufkommen, beiseite, mein Kind. So wie die staubigen Straßen, über die der Hirte mit seiner Herde zieht, während der Ruhe und Erholung vergessen sind, so sollst auch du vergessen, was dich so belastete.

Der Hirte weiß, daß die jungen Schafe kühles, grünes Gras für ihr Lager brauchen und ein sauberes, ruhiges Wasser, von dem sie trinken können. So weiß auch ich, daß du, meine geliebtes Kind, auch Zeiten der Ruhe brauchst, um dich eine Weile an meiner Liebe und Weisheit zu stärken. Ich flüstere dir dann Worte zu, die deine Angst wegnehmen und gebe dir Anweisungen für kommende Aufgaben. Auch wenn ich dich wegen begangener Fehler tadle, so geschieht dies freundlich und in Liebe, denn bin ich nicht dein Hirte, der dich auf grünen Auen ruhen läßt?

So ruhe nun, mein Liebes. Vergiß alles außer dieser lieblichen Stille mit mir. Wir werden dann unseren Weg mit frischem Mut und frohem Herzen weitergehen, und ein Friede, den nur ich schenken kann, wird dein ganzes Sein erfüllen, wenn du so den Weg mit mir weitergehst.

»ER ERQUICKT MEINE SEELE, ER FÜHRT MICH AUF DEM RECHTEN WEG UM SEINES NAMENS WILLEN.«

Deine Seele wird erfrischt, und die Dinge der äußeren Welt, die deine Gefühle und deine Kraft so sehr in Anspruch genommen haben, nehmen den richtigen Platz in deinem Bewußtsein ein. Du fühlst, wie eine neue Kraft dich erfüllt. Mit klaren Augen sollst du auf– und um dich schauen, denn in diesen wenigen Augenblicken habe ich deine Seele erfrischt, die durch die Hitze des Tages müde werden wollte.

Wenn wir dann unseren Ruheplatz verlassen, werden wir neue Pfade gehen, und es werden die Wege der Gerechtigkeit sein, die sich vor dir auftun. Die Schafe zögern nicht, sich der Führung ihres Hirten und seinem ihnen bekannten Ruf anzuvertrauen, denn zu Recht gilt für ihn der Name Hirte.

Die Schafe können nicht wissen, welchem der vielen Pfade sie folgen sollen, aber unter seiner Führung verfehlen sie den einen nicht, der sie schließlich in die Geborgenheit, in ihren Pferch, führt.

So sollst auch du, meine Liebe, wie die Schafe dir nach der Ruhezeit, die dir neue Kraft geschenkt hat, keine Sorgen machen. Dein Weg der Gerechtigkeit wird sich auch vor dir auftun. Das Problem, vor dem du standest, und das deine ganze Kraft beanspruchte, wird kein Problem mehr sein, denn du wirst deutlich sehen, wie du es lösen kannst. Mit klarem Wissen wirst du das Richtige vom Falschen unterscheiden, und wenn du mit deinem Hirten weitergehst, wirst du am Ende des Tages die Geborgenheit deines Ruheplatzes finden.

»UND OBWOHL ICH DURCH DAS TAL DER TODESSCHATTEN GEHE, FÜRCHTE ICH KEIN ÜBEL, DENN DU BIST BEI MIR, DEIN STECKEN UND STAB TRÖSTEN MICH«.

Wenn wir weiterwandern, wird eine Zeit kommen, wo du scheinbar in ein Tal hinabsteigst. Dort wird ein grosser Schatten über allem liegen, der Schatten, den die Menschen Tod nennen.

Der Hirte trägt einen Stecken und Stab mit sich, um seine Schafe zu schützen und ihnen zu helfen, wenn sie durch dunkle Täler ziehen. So habe ich auch für dich, wenn du diesen Ort erreichst, die Worte der Wahrheit bereit, die dich trösten werden. Schau auf, mein Kind, und trockne deine Tränen. Was so dunkel und voll Gefahren und Hoffnungslosigkeit scheint, ist nur ein Schatten, den die Menschen eine Realität nennen.

In Wirklichkeit gibt es keinen Tod. Wenn du aufschaust, sind die Berge meiner Wahrheit und Liebe überall um dich. Der Himmel ist blau, und die Luft ist mild. Darum sollst du wirklich kein Übel fürchten und das, was man »Tod« nennt, soll dich nicht mehr beunruhigen.

Wisse, das Leben ist ewig, und Gott ist gut. Der, den du liebtest, hat nur einen anderen Pfad eingeschlagen als den, auf dem du gehst. Oder es kann sein, daß du selbst einen neuen Weg betreten sollst, weg von denen, mit denen du gewandert bist, um ein Stück allein mit deinem Hirten zu gehen. Aber wisse, alle diese Wege führen am Abend des Tages zur Herde des Vaters. Darum komm zu mir, meine Liebe, nimm diese Worte der Zärtlichkeit und Liebe an als Stecken und Stab für dich, die dich hinaufführen, heraus aus dem Tal, das der Mensch »Tod« nennt.

»DU BEREITEST VOR MIR EINEN TISCH, AUCH WENN GEFAHR UM MICH IST. DU SALBST MEIN HAUPT MIT ÖL UND FÜLLST MEINEN BECHER ZUM ÜBERFLIESSEN.«

Eine Schlange lauert oft im hohen Gras, um ein Schaf, das abseits vom Weg geht, anzugreifen. So kann auch dich ein Übel anfallen, wenn du deinen Weg durch den Tag gehst. Ich verspreche dir nicht, daß du vor dem bewahrt bleibst, was sogar deine Seele zu zerstören scheint, aber ich verspreche dir Schutz in aller Not. Ich werde einen Tisch vor dir bereiten, an dem du gestärkt wirst, auch wenn alle Kräfte der Welt dich vernichten wollten.

Wie der Hirte eine Fläche frei macht, damit seine geliebten Schafe in Sicherheit weiden, so werde ich inmitten scheinbarer Gefahr für alle deine Bedürfnisse Sorge tragen. Das Salböl meiner Liebe wird deinen verwundeten und zerrissenen Geist heilen, und du wirst aus einem Becher trinken, der bis zum Überfließen voll ist von einer Freude, die menschliches Verstehen übersteigt.

Wenn der Tag sich neigt, steht der Hirte am Tor zum Pferch, und die Schafe gehen hinein und ruhen, denn sie fühlen seine bleibende Liebe und Nähe. Nichts stört ihre friedliche Ruhe. So brauchst auch du dich nicht zu fürchten, wenn die Abenddämmerung anbricht. Die Sorgen und Mißgeschicke des Tages, die dich befielen, wenn du eine Weile abseits meiner liebenden Fürsorge gingst, lösen sich alle durch meine Liebe auf, und du wirst Ruhe und Frieden finden, bis der nächste Morgen anbricht, und wir wieder auf unserem Weg weitergehen.

»WIRKLICH, GUTES UND BARMHERZIGKEIT WERDEN MIR FOLGEN MEIN LEBEN LANG, UND ICH WERDE BLEIBEN IM HAUSE DES HERRN IMMERDAR«.

Ich habe dir die Geschichte meiner schützenden Liebe und Fürsorge erzählt. Ich habe mit dir vom irdischen Hirten gesprochen, der für seine Schafe sorgt. Ich möchte für dich ein solcher Hirte sein dürfen. Aber nur wenn du mich annimmst, kannst du die Vollkommenheit meiner liebevollen Führung erfahren.

Ich möchte dir gerne alle Worte der heiligen Schrift erläutern, damit deine Tage noch mehr gesegnet sind. Diese Worte sollen ganz dein eigen werden und nicht nur Worte sein, die vor langer Zeit gesprochen wurden, ohne Bedeutung für dein persönliches Leben. Wenn du sie aufmerksam liest und sie in deinem Herzen bewegst, wirst du immer meine Stimme hören, und auf diese Weise werden sie in dich eingehen.

Dann wird Gutes und Barmherzigkeit dich überall umgeben. Die Menschen werden sich über die Ruhe deiner Augen wundern, wenn du auf die Welt und ihre Konflikte siehst.

So werden wir zusammen den Weg gehen, den die Seele zurücklegen muß, ehe sie ihre Freiheit gewinnt, hinauf zu den Höhen des Ziels, das zu erreichen ihr bestimmt ist.

Darum sollst du jetzt und immer viel mehr im Hause deines Vaters sein, jenem Ort des Friedens in deinem Herzen, sicher geschützt von der leitenden Hand des Hirten der Menschheit.

DIE EDLE GABE

Geschenkbändchen, die zu umfassenderem und größerem Verständnis des Lebens führen. – Für Sie, Ihre Familie, Ihre Freunde und ganz besonders für Kranke, Behinderte, seelisch Leidende und Suchende

DAS UNPERSÖNLICHE LEBEN – Von Joseph S. Benner – Unser Bestseller, zu dem eine Kundin schreibt: 'Das unpersönliche Leben' ist für mich die größte Offenbarung, die mir jemals in dieser Form begegnet ist. Es beinhaltet praktisch eine ganze esoterische Bibliothek, ist ein geistiger Einweihungsweg von höchstem Grade.' – 'Das unpersönliche Leben' – ein Buch, erfüllt von der Ausstrahlungskraft und Stärke der 'JOHANNESBURGER REDEN', das dem sich heute wandelnden Bewußtsein des Menschen Antwort gibt, weit hinaus über alles bisherige Wissen vom Sinn des Lebens.
136 S. – meerblau gebunden – cellophanverpackt – **3. Auflage**

BOTSCHAFT DES JAKOBUS/DIE SCHRIFT VOM GEIST – Nach den **'Johannesburger Reden'** und unserem **'Unpersönlichen Leben'** das dritte Buch dieser Qualität und Aussagekraft: Niederschrift einer unmittelbaren Inspiration über das Leben des Jesus von Nazareth während seiner Kindheit bis zum ersten öffentlichen Auftreten mit Gesprächen zwischen ihm und seinem Bruder Jakobus. Der 2. Teil des Buches enthält: Weisheiten der Hinführung in das geistige Leben.
120 S. – meerblau gebunden – cellophanverpackt –

DER WEG IN EIN HÖHERES BEWUSSTSEIN – niedergeschrieben von Eva Bell Werber – ist eine Weiterführung der 'Stillen Gespräche mit dem Herrn', die vom Geist in stillen Stunden ihrer Seele übermittelt wurden. – In kurzen, täglichen Belehrungen wird dem Leser gezeigt, wie er die Probleme des Alltags von dem ihm innewohnenden göttlichen Selbst her meistern, wie er inneren und äußeren Frieden finden und an der Schaffung des neuen Himmels und der neuen Erde mitarbeiten kann. – Ein herrliches, hilfreiches Buch.
112 S. – bleufarben gebunden – cellophanverpackt –

ZUM PARADIES DES MENSCHEN – Von Walter Stanietz – Der Autor, der lange in die Stille gegangen ist, zeigt, daß sanftes Berührtwerden von der inneren Welt und dem inneren Leben etwas anderes ist, als das Mitgerissenwerden und Verlieren im Außen. Er weist den Leser in die Seligkeit des bewußten Lebens: 'Zum Paradies des Menschen'.
110 S. – roséfarben gebunden – cellophanverpackt – **2. Aufl.**

SYMBOLE IN UNS – Von Annamaria Wadulla – Im Mittelpunkt steht die indische Cakra-Lehre, zu der Parallelen aufgezeigt werden, die sich trotz stark voneinander abweichender Darstellungen überall in den verschiedensten Kulturkreisen in großer Fülle finden lassen und die inneren Entwicklungsvorgänge im Menschen symbolisieren. Ein sinnvolles Leben ist nicht von äußeren Reichtümern abhängig. – Mit 5 halb- und 5 ganzseitigen Illustrationen von Rosemarie Wlodeck.
120 S. – violettfarben gebunden – cellophanverpackt –

DIE GÖTTLICHEN STRAHLEN DER LIEBE – Von Gertrud Niesel – Gedanken der sich offenbarenden Liebe in der Ausstrahlung des unendlichen, ewigen Seins. Empfangen und niedergeschrieben in der Erkenntnis, daß nur die tiefe, reine Liebe zum wahren göttlichen Erleben führt.
90 S. – mit Schutzumschlag – hellrosé gebunden –

SELIG DIE REINEN HERZENS SIND – Von Gertrud Niesel – Die universelle heilige Wirklichkeit der Gotteswelt, die jedes hinausgestellte Geistwesen erreichen sollte, kann nur auf dem Wege des sich vollbewußten Innenlebens erkannt und erlebt werden.
72 S. – mit Schutzumschlag – gebunden –

YOGA – BEWUSSTER ALLTAG – Von Ilse M. Zielasko – Yoga ist ein Übungsweg, eine Weltanschauung und eine Lebenshaltung, die sich im gelebten Alltag bewähren und beweisen muß. Gedanken und Empfehlungen zu gelebter Spiritualität sind Inhalt dieses Büchleins.
42 S. – mit Schutzumschlag – weiß gebunden –

VON DER EWIGKEIT DES SEINS – Von Ingrid Öller – Inspirierte Gedichte in der Auseinandersetzung mit dem innersten Wesen. – Anstoß und Andacht zugleich.
58 S. – mit Schutzumschlag – weiß gebunden –

DAS LAND HINTER DEM SCHLEIER – Von Ingeborg Freimuth-Würz – Ein dynamisch-empirisches Zeugnis vom Miteinander der scheinbar Getrennten diesseits und jenseits des 'Schleiers', das aufzeigt: Die Wesensvollendung geschieht erst im Wiedervereinigen der getrennten Duale, der ewigen Gemahle. Aussergewöhnliche Deutungen von Volksmärchen und ein dramatisches Mysterienspiel runden dieses feine Werk ab.
238 S. – violettfarben gebunden – cellophanverpackt –

GEHEIMNISVOLLE BILDERSPRACHE – Von Irmgard Demetriades – Gestützt auf die außergewöhnlichen Offenbarungen des christl. Mystikers J. Lorber führt dieses Buch in die alte Wissenschaft der Entsprechungen zwischen Materie und Geist. Es weist auf den tiefen gemeinsamen Ursprung der urägyptischen, jüdischen und christlichen Lehren. Mit Abbildungen.
188 S. – beigefarben gebunden – cellophanverpackt –

SEELE, WO IST DEINE HEIMAT? – Von Gerda von Fichte – Die Autorin versteht es, aus der gestalterischen Kraft ihrer Seele und kultivierter Sprache das 'zarte Berühren', – das 'Verhüllen', – das 'Unsagbare' auszudrükken. In Verbindung mit den überragenden Reproduktionen von Prof. Heinrich C. Berann/Innsbruck ein in Vers und Prosa wesentliches und ausdruckstarkes Buch.
70 S. – bleufarben gebunden – cellophanverpackt –

IM AUGENBLICK SEIN – Von Margret Brügger – Sensible Gedichte, die aus der Erfülltheit eines Augenblicks entstanden sind und den Leser die Dynamik der Stille spüren lassen. Einfach in der Sprache und knapp in der Form, versuchen sie, wie japanische Tuschzeichnungen, Wesentliches zu vermitteln.
80 S. – silberfarben gebunden – cellophanverpackt –

DIE BLAUE HAND – Von Margret Brügger – In der „Blauen Hand" verkörpert sich die Innere Führung. In knapper, lyrischer Form drückt unsere Autorin von „Im Augenblick sein" ihre Erfahrungen aus. – Antwort und Hilfe auf die Ängste unserer Zeit.
49 S. – mit Schutzumschlag – blaufarben gebunden –

PARTNER-BREVIER/I. Teil: Von Marielú Altschüler und Carl-Hubert Krementz – In ihren praktischen Empfehlungen geben die beiden Schriftsteller und Lebenslehrer (BdY/EYU) aus dem Erlebens- und Erfahrungsgut ihrer Gemeinsamkeit Motivation und liebevolle Hinführung zu Bewußtseins-Entwicklung durch Partnerschaft – unbegrenzter Liebe – umfassendem Eingefügtsein in eine neue Welt – optimalem Leben zu zweit, diesseits-, zeit- und ewigkeitsbezogen im Sinne des New Age.
92 S. – hellgrün gebunden – cellophanverpackt –

ABENTEUER LEBEN – Aufsätze und erste Gedichte – Von Carl-Hubert Krementz – Der Autor theoretisiert nicht, sondern schreibt aus einer elementaren Daseinsbezogenheit heraus, die eben dadurch die aktuelle Sprache aller spricht. So ist er in einer Zeit der Unsicherheit jedem Suchenden ein mitreißender Begleiter.
56 S. – mit Schutzumschlag – dunkelgrün gebunden –

LEUCHTFEUER IN DUNKLER ZEIT – Ein Lebensbrevier – Von Maria Magdalena und Otto Herbert – Unsere Zeit ist dunkel. Aber überall werden kleine Lichter angezündet, die nach und nach unsere Welt erhellen. Liebe, Freude, Verständigung erwachen. Eines dieser Leuchtfeuer kann man dieses Bändchen nennen. – Brunhild Börner-Kray schrieb das Vorwort. 4 Yoga-Übungsreihen sind angegliedert.
56 S. – mit Schutzumschlag – türkisfarben gebunden –

YOGA UND NATURHEILKUNDE – Rudolf Fuchs/Margret Distelbarth – 1. Studie: Erste Schritte im Yoga – Yoga, die östliche Lehre vom natürlichen Heilsein hilft dem Menschen des Westens bei der Besinnung auf sein vergessenes Erbe – Naturheilkunde ist nicht nur Wissen um Mittel, sondern Kunde vom natürlichen Heilsein selbst. Beide Autoren praktizieren und lehren Yoga.
48 S. – mit Schutzumschlag – braun/gelb gebunden –

SO RUFT EINE MAHNENDE STIMME – Von Eva-Margret Stumpf aufgenommen, – zur Hilfe für viele. – Aus dem Inhalt: Gedankenwelt – Blumensegen – Wesen – Ideale Frauen – Heldentum – Sterbehilfe – Rosenkinder – Enthaltsamkeit – Verschwiegenheit – Inneres Walten.
56 S. – mit Schutzumschlag – blau gebunden –

EWIGKEIT BLÜHT UM UNS HER – Von Friedrich Klein – Gedichte unseres verehrten 94 jährigen Autors. Rückerinnerung – Nostalgie – liebenswertes Bewundern von Gottes herrlicher Welt.
80 S. – goldgelb gebunden – cellophanverpackt –

GESANG GOTTES – Die Bhagavad Gita für jeden Tag des Jahres mit Erläuterungen von Swami Venkatesananda – Mit der Übersetzung dieses wunderbaren Buches wird dem deutschsprachigen Leser eine großartige Quelle spiritueller Weisheit zugänglich gemacht, die sehr wohl eine ganze Bibliothek an Yogaliteratur ersetzen kann.
406 S. – dunkelblau gebunden – cellophanverpackt –

EIN EINFACHER WEG ZUM HEILEN LEBEN – DIE BHAGAVAD GITA – Von Swami Venkatesananda – Die Essenz der Lehre der GITA dargestellt in leicht verständlicher Form in Anwendung auf unser tägliches Leben. Ein feines Buch echter Lebenshilfe voll praktischem Wert und gegeben aus liebevollem Herzen und autorisiertem Munde, besonders auch der Jugend.
150 S. – mit Schutzumschlag – dunkelblau gebunden –

ERLEUCHTETES LEBEN – Von Swami Venkatesananda – Die Yoga Sũtren von Patañjali in einer neuen Übertragung aus dem Sanskrit. Der klassische Text mit wenigen hinzugefügten Sätzen erweitert und interpretiert, gibt dem ernsthaften Sucher die notwendige Führung und das Licht auf dem Wege zur Selbst-Verwirklichung. Wahre Weisheit und wahre Hilfe benötigen nicht viele Worte.
80 S. – mit Schutzumschlag – dunkelrot gebunden –

ESOTERISCHER SOMMER – Von Brunhild Börner-Kray – Bereits die 4. Auflage erreichte dieses ansprechende Bändchen, in dem die Autorin die ihr von der Natur geschenkten Geheimnisse in einer meisterhaften Form preisgibt, denen sich stets mehr Menschen öffnen.
46 S. – mit Schutzumschlag – olivgrün gebunden – **4. Auflage**

WAS IST YOGA – Von Brunhild Börner-Kray – Die profunde, sachliche Einführung der Verfasserin, die selbst Yoga unterrichtet, vermag befriedigende Antwort zu geben auf die oftmals gestellte Frage nach Yoga und seiner Bedeutung für den Abendländer.
46 S. – mit Schutzumschlag – orangefarben gebunden –

DAS WASSERMANN-ZEITALTER – Von Brunhild Börner-Kray – Der Planet Erde ist an einem Wendepunkt. Wir stehen auf der Schwelle zu einem neuen Zeitalter. Die Menschheit muß sich entscheiden, ob sie sich in die kosmischen Gesetze einordnet. Das Büchlein gibt klaren Einblick in diese Notwendigkeit. –
52 S. – mit Schutzumschlag – lilafarben gebunden – **3. Auflage**

LICHT IST ÜBERALL – Von Brunhild Börner-Kray – Die Autorin zeigt durch dieses Bändchen, daß sie nicht nur im Geistigen zuhause, sondern auch eine Dichterin mit einer Sprache von besonderem Reiz ist, die den Leser zum Miterleben führt. Sie hat die Gabe, in den kleinen Dingen das Wesentliche zu entdecken.
80 S. – beigebraun gebunden – cellophanverpackt –

DER PFAD DES AUFSTIEGS – Von Brunhild Börner-Kray – Die spontan aufgenommene neue Veröffentlichung unserer Erfolgsautorin vermittelt in klarer, verständlicher Sprache dem geistig Suchenden nicht nur ein universelles Wissen, sondern ihm wird auch ein Weg zur Selbstfindung und Selbstverwirklichung aufgezeichnet, dem die kosmischen (geistigen) Gesetze zugrunde liegen.
100 S. – elfenbeinfarben gebunden – cellophanverpackt –

METAPHYSIK DER EHE – Von Helmut Wolff – Nicht nur als irdische Institution, sondern als eine metaphysische Wirklichkeit betrachtet der Verfasser dieses Bändchens die Ehe. Über der Zweckmäßigkeit der äußeren Gemeinschaft erhebt sich die Sinnbezogenheit einer Einheit und Innigkeit, die zuzulassen, der dargebotenen Erkenntnis bedarf.
80 S. – elfenbeinfarben gebunden – cellophanverpackt –

FREUDE SCHÖNER GÖTTERFUNKEN – Von Marielú Altschüler – Freude, echte, bleibende Freude, die aus der Tiefe, aus dem Innenraum kommt, ist erlernbar. Jeder Mensch kann sie erfahren, wenn er kleine Spielregeln beachtet, die die Autorin im Plauderton aufzählt. Ein Bändchen, das Schenkenden und Beschenkten Freude macht. Eine wertvolle Hilfe besonders auch gegen Schwermut und Depressionen. – Schönste Gabe für Kranke.
80 S. – sonnengelb gebunden – cellophanverpackt – **3. Aufl.**

MEINE SEELE IST ERWACHT – Von Marielú Altschüler – Frau Altschüler begleitet und lenkt jeden, der sich ihr anvertraut, den Weg, der über das Bewußtsein der Verlorenheit in die Überwindung und Verwandlung zum Bewußtsein der Fülle und seiner Verwirklichung führt. – 70 Verse – zur Meditation geeignet. –
80 S. – taubenblau gebunden – cellophanverpackt –

RHYTHMUS DES LEBENS – Von Marielú Altschüler – Gedichte, die durch das Jahr mit seinem sinnvollen, wechselhaften Rhythmus – durch das LEBEN führen.
80 S. – lichtgrün gebunden – cellophanverpackt –

ZWERG PERECHIL – Von Marielú Altschüler – In sieben phantastischen Märchen und ihren aus Intuition und Wissen gegebenen Interpretationen erläutert Marielú Altschüler in diesem zauberhaften Geschenkbändchen den Weg des geistigen Erwachens, der – heute verschüttet – einmal allen Lebens- und Kulturkreisen zu eigen war. Ein Buch, das wohl der Jugend, doch ebenso dem erwachsenen Menschen Wegweiser sein kann.
112 S. – Irisfarbdruck goldgeprägt – gebunden – cellophanverpackt –

SEI STILLE – SEELE . . . – Von Marielú Altschüler – Ein schmales Bändchen in Langdin-Format um den Sinn von Sterben und Tod. Empfehlenswert als Trost für Trauernde und Hinterbliebene. 5 Holzschnitte von Karl Hans Gehring.
23 S. – Langdinformat – in silberfarbenem Einband/geheftet –

SCHNEEFLÖCKCHEN – Von und mit Marielú Altschüler – Ein Wintermärchen mit Musik für die Adventstage und Weihnachten für Kinder von 6 bis 12 Jahren. – Die immer wieder verlangte Cassette auch für Erwachsene –
4. Auflage

VOLLKOMMENE ATMUNG UND ATEMÜBUNGEN – WAS IST YOGA/-Vortrag – Von Brunhild Börner-Kray – Lehrcassette I –

ENTSPANUNG MIT BEWUSSTSEINSLENKUNG – YOGA-ÜBUNGEN – Von Brunhild Börner-Kray – Lehrcassette II –

MEDITATION – Führung in die Meditation – Von Brunhild Börner-Kray – Cassette –